2015年度教育部全国高校出版社主题出版项目
2015年度四川省重点出版规划项目
2016年度四川省文化产业发展专项资金项目

中国古代文化线路——川盐古道
总主编：王子今 程龙刚

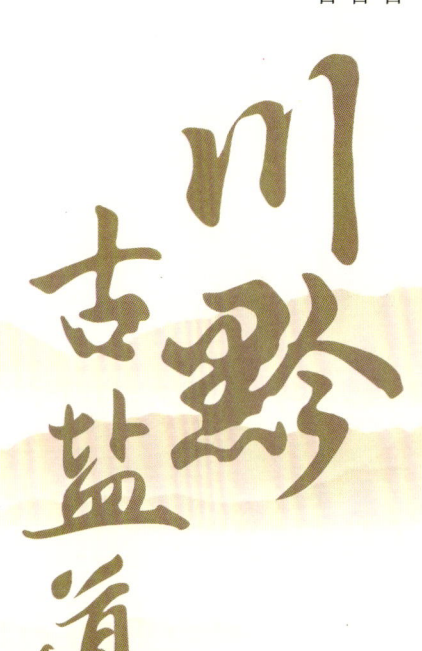

川黔古盐道

邓军 著

西南交通大学出版社
·成都·

图书在版编目（CIP）数据

川黔古盐道 / 邓军著. —成都：西南交通大学出版社，2019.5

（中国古代文化线路. 川盐古道）

ISBN 978-7-5643-6519-6

Ⅰ. ①川… Ⅱ. ①邓… Ⅲ. ①盐业史–四川②盐业史–贵州 Ⅳ. ①F426.82

中国版本图书馆 CIP 数据核字（2018）第 247455 号

中国古代文化线路——川盐古道

Chuan-Qian Gu Yandao

川黔古盐道

邓军　著

出 版 人	阳　晓
责 任 编 辑	杨岳峰
助 理 编 辑	居碧娟
封 面 设 计	四川应该文化传播有限公司
出 版 发 行	西南交通大学出版社 （四川省成都市金牛区二环路北一段 111 号 西南交通大学创新大厦 21 楼）
发行部电话	028-87600564　028-87600533
邮 政 编 码	610031
网　　　址	http://www.xnjdcbs.com
印　　　刷	成都市金雅迪彩色印刷有限公司
成 品 尺 寸	170 mm×240 mm
印　　　张	11.25
字　　　数	175 千
版　　　次	2019 年 5 月第 1 版
印　　　次	2019 年 5 月第 1 次
书　　　号	ISBN 978-7-5643-6519-6
定　　　价	48.00 元

图书如有印装质量问题　本社负责退换

版权所有　盗版必究　举报电话：028-87600562

"中国古代文化线路——川盐古道"丛书编委会

总 主 编：王子今 程龙刚

委　　员：（按姓氏笔画为序）

　　　　　王子今　邓　军　刘　乐　李　敏

　　　　　宋青山　杨雪松　周　劲　周瑜昆

　　　　　周翠微　赵小平　赵　逵　黄　健

　　　　　程龙刚　魏登云

序一
王子今[①]

明人何宇度《益部谈资》卷下写道："'蜀道难'自古记之。梁简文帝诗云：'巫山七百里，巴水千回曲。'为川东舟行峡中作也。李白诗云'不与秦塞通云烟'，为川北栈道作也。大都蜀道无不难如上青天者，峡固险矣，而陵亦匪夷。如夷陵至巴东之陆程，则视栈道何异？是其难又在楚不在蜀耳。"[②]这里虽然没有直接说到川滇、川黔通道，但是可知古人其实已经注意到蜀地通往各个方向的道路都必须克服山岭阻隔，即所谓"大都蜀道无不难如上青天者"。有理解"蜀道"就是"蜀中的道路"者，有的辞书也作这样的解说。[③]这样的认识不符合人们通常所理解的"蜀道"语义。[④]不过，言"蜀中的道路"各有其"难"，则是确定的事实。不同的道路走向，或言"固险"，或言"匪夷"，人们克服艰难开辟这些交通线，用以从事品类繁多的物资运输。其中"盐"，是最基本的生活必需品，是人类保障生存最重要的条件之一。盐运于是成为对于国计民生具有特殊意义的交通行为。"川盐古道"的重要与艰险，历来为人们瞩目。

盐产与盐运的开发与控制，与文明进程有密切的关系。《世本·作》记述了"宿沙作煮盐"的传说。[⑤]《说文·盐部》写道："盐，卤也。天生曰卤，人生曰盐。""古

[①] 王子今：中国人民大学国学院教授，中国秦汉史研究会顾问。
[②] 文渊阁《四库全书》本。
[③] 汉语大词典编辑委员会、汉语大词典编纂处编纂：《汉语大词典》，汉语大词典出版社1991年12月版，第8卷第1036页。
[④] "蜀道"是在特定交通史阶段形成的具有较明确指向的交通线路，即穿越秦岭巴山的川陕道路。在秦以后形成的高度集权的统一王朝管理天下的政治格局中，国家行政中枢联系蜀地的交通道路即所谓"蜀道"，定义是明确的。特别是李白名诗《蜀道难》问世之后，"蜀道"即交通"秦塞"的川陕道路的名义益为明朗。
[⑤] 《太平御览》卷八六五引《世本》："宿沙作煮盐。"注："宋衷曰：宿沙卫，齐灵公臣。齐滨海，故卫为渔盐之利。"中华书局用上海涵芬楼影印宋本1960年2月复制重印本，第3840页。《世本》雷学淇校辑本"渔盐"作"鱼盐"，谓"三皇时制作"。〔汉〕宋衷注，〔清〕秦嘉谟等辑：《世本八种》，中华书局2008年8月版，《世本》雷学淇校辑本第76页。

者夙沙初作鬻海盐。"①盐业，是文明初期较早发挥重要作用的产业。四川地方盐产资源的优越，使得借助盐运实现与其他地方的经济交流与文化交流，成为重要的历史文化条件。文明的发生与文明的发育，离不开"盐"的作用。而"川盐"内涵凝重、滋味深厚的历史表现，透露出延续千百年的深层探索的精神、世代创新的意识和宽怀阔放的胸襟。

自贡市盐业历史博物馆学术基础雄厚、学术交往活跃、学术研究积极，以其卓越的学术实力，曾经推出数量丰富的成果，质量均为上乘。由自贡市盐业历史博物馆组织创作、西南交通大学出版社出版的教育部全国高校出版社主题出版项目"中国古代文化线路——川盐古道"丛书，包括《自贡古盐道》《川滇古盐道》《川黔古盐道》《川鄂古盐道》等，分别介绍这几条古盐道通行历史、线路走向、往来方式以及盐道沿途的丰富文化遗存。这项工作当然是具有特别重要的学术意义的。

我们曾经关注过秦汉时期的盐产与盐运。《汉书》卷二八《地理志》载录各地盐官35处，其中蜀郡临邛、犍为郡南安、益州郡连然、巴郡朐忍，是巴蜀地方的盐官。杨远又作补考，其中有越巂郡定莋、巴郡临江。这样，巴蜀盐官计有6处。又《水经注》卷三三《江水》："江水又东迳临江县南，王莽之监江县也。《华阳记》曰：'县在枳东四百里，东接朐忍县，有盐官。自县北入盐井溪，有盐井营户，溪水沿注江。'"②如果计入"临江"，则西汉盐官《汉志》35处，严耕望考补2处，杨远考补6处，加上《水经注》此条信息所见1处，合计44处中，巴蜀占有7处，占全国盐官数量的15.9%。只是以进入国家行政序列的"盐官"讨论"川盐"，这样的认识显然是并不全面的。

秦汉时期巴蜀及周边地区大致以质量优异的井盐产品自给。井盐生产，是有世界史意义的伟大发明。分析自贡盐产及"川滇""川黔""川鄂"古盐道，从"文化线路"的视角考察区域交通系统及相关经济格局与文化态势，是非常有意

---

① 段玉裁注："《周礼》：盐人掌盐之政令。有出盐直用不涷治者，有涷治者。""夙，大徐作宿。古宿、夙通用。《左传》有夙沙卫。《吕览注》曰：夙沙、大庭氏之末世。《困学纪闻》引《鲁连子》曰：古善渔者，宿沙瞿子。又曰：宿沙瞿子善煮盐。许所说盖出《世本·作》篇，所谓'人生曰盐'也。"〔汉〕许慎撰，〔清〕段玉裁注：《说文解字注》，上海古籍出版社据经韵楼臧版1981年10月影印版，第586页。
② 〔北魏〕郦道元著，陈桥驿校证：《水经注校证》，中华书局2007年7月版，第774页。"监江县"，文渊阁《四库全书》本作"盐江县"。

义的学术课题。西汉成、哀间，出身成都的商人罗裒"贾京师"、"往来巴蜀"、"赊贷郡国"，又"擅盐井之利，期年所得自倍，遂殖其货"，遂以成功的工商业主名著史籍。①大概经营盐运是当时便捷的致富途径之一。四川出土汉代画像砖反映盐业生产的画面中对于盐运情景的精心描绘，也突出显现出马克思曾经强调的运输"表现为生产过程在流通过程内的继续"②的意义。而盐运引致的文化交流与文化融合，在相关"文化线路"遗存中保留了珍贵的历史信息。认识、说明并理解相关历史文化现象，是历史学者和文化学者的任务。

盐因民生意义的重要，渗透到文明史的各个层面，浸渍着不同地区渊源有异的多种文化存在。"中国古代文化线路——川盐古道"丛书分别进行研究，诸多学养深厚的作者辛苦踏查，精心撰述，完成了这套学术杰作。古道考察的收获，学术深思的心得，现在呈示在读者面前。其中颇多精致的学术新见，若干研究心得对学界的提示，又可能导致出现新的学术生长点。

这套"中国古代文化线路——川盐古道"的面世，无疑是盐业史、交通史研究方向新的学术推进。对于"川盐古道"今后进一步的考察和研究而言，提供了新的学术基点，开启了新的学术路径，由此也可以预见新的学术前景。

谨此向"中国古代文化线路——川盐古道"的作者表示祝贺，向自贡市盐业历史博物馆的朋友们表达诚挚的敬意。

2018 年 7 月 18 日

---

① 《汉书》卷九一《货殖传》："至成、哀间，成都罗裒訾至巨万。初，裒贾京师，随身数十百万，为平陵石氏持钱。其人强力。石氏訾次如、苴，亲信，厚资遣之，令往来巴蜀，数年间致千余万。裒举其半赂遗曲阳、定陵侯，依其权力，赊贷郡国，人莫敢负。擅盐井之利，期年所得自倍，遂殖其货。"中华书局 1962 年版，第 3690 页。
② 马克思：《资本论》第 2 卷，《马克思恩格斯全集》第 24 卷，人民出版社 1972 年版，第 170 页。

序二

程龙刚[①]

四川盐业历史悠久，源远流长。从《华阳国志·蜀志》记载的蜀守李冰"穿广都盐井"起，四川盐业已走过2200多年的灿烂历史。在漫长的历史长河中，四川盐业曾出现两个辉煌时期——太平天国运动时期与抗日战争时期。在这两个时期，川盐形成了巨大的运销网络和广阔的销售市场。太平天国运动时期，川盐除供应本省138个县以外，还远销湖南、湖北、云南和贵州等省120余个县；抗日战争时期，川盐除行销本省149个县以外，还运销湖南、湖北、云南、贵州、西康和陕西等省180多个县。川盐如此庞大的运销网络和广大的销售市场催生了运输食盐的水陆混合型道路。"修亿万人往来道路，开数十代远大途程。"这些盐道由盛产井盐的巴蜀地区出发，抵达川、渝、湘、鄂、滇、黔、陕等省市诸多的城镇和村落，成为数千年间这些地区经济文化交流的重要孔道，沉淀了盐味十足、丰富深厚的盐运文化遗产。

令人遗憾的是，长期以来学界对川盐古道缺乏系统而深入的梳理、调查、研究，文物主管部门对川盐古道上的盐运文化遗产缺乏应有的认识和重视，从而导致大量的盐运文化遗产飞速地消失，面临危局。为此，2014—2015年，自贡市盐业历史博物馆组织科研人员开展了大型学术考察活动——"寻访川盐古道"，对川、渝、滇、黔、湘、鄂、陕境内的盐运文化遗产进行了大规模的田野调查，中国社会科学院考古研究所、北京大学考古文博学院、中国人民大学国学院、四

[①] 程龙刚：自贡市盐业历史博物馆馆长、研究馆员，《盐业史研究》杂志社主编，四川省文物局专家库专家，四川师范大学专业学位研究生导师，中国商业史学会常务理事，中国商业史学会盐业史专业委员会主任，中国商业史学会川商专业委员会副主任。

川省文物考古研究院、重庆市文化遗产研究院、贵州省文物考古研究所、湖南省文物考古研究所等单位的专家学者也应邀参加了考察。在为期约110天的考察时间里，考察团爬山涉水、顶酷暑冒严寒，行程数万千米，走遍了川、渝、滇、黔、湘、鄂、陕的山山水水、沟沟坎坎。

在此次学术考察活动中，我们全面细致地调查了川盐古道的运输路线，以及川盐古道上的码头、桥梁、堰闸、碑刻、驿站、盐号、盐店、盐仓、税卡、关隘、祠堂、庙宇、会馆、牌坊、摩崖石刻、运盐工具、古街、古镇等物质文化遗产和与盐运关联的仪式活动、船工号子、运盐习俗、民间歌曲、饮食文化等非物质文化遗产。通过深入系统的调查，我们发现川盐古道呈网络状辐射，像血脉一样串起周边地区的大小城镇和村落，绵亘在武陵山、大巴山、大娄山、乌蒙山、横断山脉等山区，沿沱江、永宁河、大宁河、赤水河、南广河、清江、沅江、酉水、郁江、乌江、雅砻江、金沙江等江河延伸，最后抵达川、渝、滇、黔、湘、鄂、陕等销区。正是依靠这些山山水水，川盐古道沟通了盐产地、沿线地区和销区的经济与文化，促进了土家族、苗族、彝族、仡佬族等少数民族地区与外界的交流。从这个意义上讲，川盐古道既是经济的生命线，又是文化的大走廊，可与南方丝绸之路、茶马古道媲美。

在学术考察取得阶段性成果的2014年10月24—26日，自贡市盐业历史博物馆联合四川省文物考古研究院、重庆市文化遗产研究院、中国盐文化研究中心在盐都自贡举办"川盐古道与区域发展学术研讨会"，来自全国9个省（直辖市、自治区）、67个单位的134位专家学者出席研讨会。中国社会科学院考古研究所王仁湘研究员、北京大学考古文博学院李水城教授、中国人民大学国学院王子今教授、北京大学文化遗产保护研究中心孙华教授、西南大学历史地理研究所所长蓝勇教授等专家学者均作了主题报告。在分组讨论会上，与会代表围绕川盐古道的线路、川盐运销与流域开发、川盐古道与区域社会变迁、川盐古道与人口迁移、川盐古道与集镇商业、川盐运销与民族地区开发、历史时期川盐运销管理体制、川盐古道与文化遗产等议题进行了广泛而深入的讨论。此次学术研讨会第一次研讨了"川盐古道与区域发展"的学术主题，取得了"迄今最完备的以'川盐古道'为主题的学术成果"。

会后，自贡市盐业历史博物馆与西南交通大学出版社联合策划了"中国古代文化线路——川盐古道"丛书，分为《自贡古盐道》《川滇古盐道》《川黔古盐道》

《川鄂古盐道》等。这套丛书一个很大的特点是作者做了大量的田野调查和文献梳理工作，仔细考证了川盐古道各主要路段的路线分布，分类整理了与盐运活动相关的文化遗产，图文并茂，让读者既能感悟川盐古道厚重的历史，又能体验鲜活的田野现场，亲身去认识川盐古道的多维样貌。"中国古代文化线路——川盐古道"丛书是继自贡市盐业历史博物馆编著的《川盐文化圈图录——行走在川盐古道上》《川盐文化圈研究——川盐古道与区域发展学术研讨会论文集》后，系统研究川盐古道的最新学术成果，对于今后川盐古道的考察和研究而言具有极高的资料价值和学术价值。正是基于这样的重要价值，"中国古代文化线路——川盐古道"丛书先后入选2015年度教育部全国高校出版社主题出版项目、2015年度四川省重点出版规划项目、2016年度四川省文化产业发展专项资金项目。

回溯川盐运销的历史，我们发现川盐古道铺就了一条如同史诗般的盐文化传播走廊，留存的盐运文化遗产不仅"诉说"着曾经的历史，还对当下的社会经济发展和区域文化建设有现实层面的推动作用。我们真诚期望在今后的工作中，川盐古道沿线地区建立起协调机制，继续开展深度调查和综合研究，用文化线路的视野将其联合申报为全国重点文物保护单位，进一步加强文物保护力度，着力打造盐运文化景观，以协同推进川盐古道文化线路遗产的保护与利用。

是为序！

目 录

001　川黔古盐道的形成背景
002　贵州缺盐
004　川盐销黔历史过程

015　川黔古盐道的路线分布

028　盐运碑刻
028　立德永年碑
029　金沙渔塘河义渡石刻
033　石场万年碑
033　天恩桥陛诏修河碑
035　整理赤水河航道碑
037　吴公浚河记碑
038　龚滩永定成规、永定章程碑
040　济江亭盐运碑刻
041　铜鼓殿筑路功德碑
041　大定坡盐碉石碑

045　盐运古道与关隘
045　五里坡古盐道

- 046 鱼塘河古盐道
- 047 雪山关古盐道
- 048 鸭溪水淋岩古盐道
- 049 七星关古盐道
- 052 楚米蒙山古盐道
- 053 铜鼓殿古盐道
- 056 雪山关关隘
- 058 武定门关隘
- 059 七星关关隘

061 盐号、盐仓与盐店旧址

- 061 土城盐号旧址
- 064 周和顺盐号旧址
- 065 罗马街盐号旧址
- 067 华家盐号旧址
- 068 大关盐号旧址
- 069 龚滩半边仓盐仓旧址
- 070 松坎盐仓旧址
- 070 中山盐店头旧址

072 古场镇、古村落与古城

- 072 丙安古镇
- 075 土城古镇
- 077 太平古镇
- 079 茅台古镇
- 081 二郎古镇
- 082 大同古镇
- 084 龚滩古镇
- 086 白沙古镇
- 089 中山古镇
- 091 真武古场镇
- 094 东溪古镇
- 096 中峰老街
- 098 福宝古镇
- 101 尧坝古镇
- 103 乐道古镇
- 106 天堂坝驿站
- 107 清池古镇
- 109 淇滩古镇
- 110 瓢井古镇
- 111 干河坝古村落

- 114 普市古村落
- 117 思南古城
- 118 叙永古城

120 会馆庙宇
- 120 叙永春秋祠
- 122 毕节陕西会馆
- 124 龚滩西秦会馆
- 125 瓢井春秋祠
- 126 土城船帮会馆
- 128 复兴江西会馆
- 130 清池万寿宫
- 132 思南万寿宫
- 134 思南王爷庙
- 134 东溪王爷庙
- 135 大同坎离宫

136 古码头、古桥与闸坝
- 136 丙安古码头旧址
- 137 马桑坪古码头旧址
- 139 松坎古码头旧址

- 140 丙安双龙桥
- 141 元厚天恩桥
- 141 东溪太平桥
- 143 蒙江闸坝

盐运与非物质文化遗产
- 145 饮食文化
- 149 民间歌谣
- 153 盐运诗词
- 154 运盐和用盐的习俗、信仰

川黔古盐道的保护利用
- 157 川黔古盐道的历史作用和遗产价值
- 158 川黔古盐道保护存在的问题
- 159 区域协同：川黔古盐道整体性保护与开发利用的路径

161 参考文献

162 后记

川黔古盐道的形成背景

食盐是人类社会中极其稳定的刚需性物品，古代国人将其视为"国之大宝"和"百味之祖、食肴之将"。《管子·海王》曰："十口之家，十人食盐；百口之家，百人食盐。"可以说，凡有人类聚居生活的地方，就必有食盐的消费。吴炜《四川盐政史》载："盐为民食所必需，无论何地均应销盐，而盐不能随地皆产，惟赖运以济销，故运实握盐之枢纽。"民国经济学女博士张肖梅《川盐实况及增产问题》亦强调："盐系极笨重之商品，体积庞大而沉重，场岸往来，需要运输工具甚多，故运输一端当为盐务上重要问题。"从中可见，食盐运输在盐业流通和消费环节中的重要地位。

贵州是西南地区独不产盐的省份，全赖外省食盐运入，川盐是其最重要的食盐来源。元代，川盐已销黔境。清乾隆初年，川盐运黔形成"仁岸""永岸""綦岸""涪岸"四条固定的运输路线，简称川盐运黔"四岸"。川盐运黔不仅解决了贵州严重缺盐的重大民生问题，还对沿线和销区的社会、经济、文化、交通的发展及民族关系产生了深远影响。川盐运黔的历史活动，留下了厚重而多样的盐运文化遗产，并折射出贵州先民自强不息、开拓进取、艰苦奋斗的精神，抒写了灿烂辉煌的盐运文化篇章。

川黔古盐道，是在历史时期形成的从四川（含重庆）的产盐区运至贵州食盐销区到水陆混合型运盐古道，由水路运输系统和复杂的网状式陆路运输系统组成，呈水路和旱路交织的格局。其本体主要由运盐石板路、纤道、栈道、河道、码头、古桥及关隘等组成。在沿线许多地方，老百姓又称其为"盐大路"或"老大路"。作为文化线路遗产的川黔古盐道具有重大的历史文化价值、遗产价值、考古价值及旅游价值，但因关于川盐运销史料和系统性实地考察的缺乏，学界对其形成的背景与过程、历史作用、路线分布、遗产赋存等具体情况尚不清楚。鉴于以上原因及保护川黔古盐道文化遗产的迫切需要，自贡市盐业历史博物馆在2014—2016年系统开展了"寻访川盐古道"大型学术考察活动。期间，笔者对川黔古盐道沿线的合江、叙永、纳溪、綦江、江津、酉阳、彭水、涪陵、思南、沿河、桐梓、赤水、仁怀、习水、遵义、金沙、大方、毕节等地进行了为期四十余天的田野调查，搜集到相关的文献史料、口述资料、实物和照片资料。本著便是在此基础上，重点对川黔古盐道的形成背景、路线分布及遗产构成等进行较为系统的梳理。

贵州缺盐

贵州地处山区，又为少数民族聚居区，在中国历史上曾长期处于中央王朝的核心统治圈外。《续黔书·驿站》载"黔之地跬步皆山，上则层霄，下则九渊。""其驿站之苦，有万倍于他省者。"《续黔书·盐》载："黔介滇蜀之中，独不产盐，唯仰给于蜀，来远而价昂。"可见旧时贵州交通的不便及其极度缺盐。

从历史上看，贵州素不产盐，严重缺盐，境内所需食盐全赖周边的川盐、粤盐、滇盐等接济。康熙《黔书》对贵州缺盐的状况有如下记载：

河东、昆吾、波斯、罽宾、于阗、骨咄莫不有盐，而黔独无，仰给于蜀，蜀微则黔不知味矣。

黔无盐，故价昂，而民甘食淡，笑黔盐者缓征核蠡，而外无他法矣。虽然九州四裔之地莫不产盐，润下正味，夫岂独靳于黔无，亦川泽之奇。

光绪《四川盐法志》亦载：

贵州苗民不常食盐，每以蕨灰、滤汁或以辛辣代用，并不以盐为必需之物，遇便不过斤两相售，贵则终年不食。

民国初年，贵州政局由军阀把持，各自征收盐税和附加税捐，盐由商民自由贩运。盐价虽属官定，但盐商往往私加杂费。零售商则常借机抬高盐价，人民经常处于贵食或淡食状态。《中国盐业史（地方编）》载，原台江县孝弟区的少数民族有三十年没有吃到盐的，只有用稻草灰或酸菜汤代替食盐。

因长途运输，运道维艰，运费高昂，贵州盐价极高，"斗米斤盐"的现象非常严重。而交通不便的偏远山区及少数民族聚居地区因严重缺盐，历史上曾有"以辣代咸""以酸代咸"甚至常年淡食的情况。道光《大定府志》收录竹枝词记："银圈压顶耳垂珰，饭里团团糯稻香。盘有山蔬频苦淡，蕨根渍水代盐尝。"故此，贵州民众极其珍视食盐，曾出现吃"滚盐""吊盐"等食盐习俗。《黔西北地区川盐运销史料》载："（民国时期黔西北）若以包（苞）谷换盐，则要三斗包谷才能换得一斤食盐。按每人每月食用包谷七升半计算，就等于以四个月的口粮换取一个月的食盐。"

贵州地区的食盐贵而缺，以致"编户之民，往往淡食，穷乡僻城更有终岁不尝咸味者"。对于贵州地区的盐荒问题，顾文栋先生在《贵州近代盐荒论》中指出，20世纪三四十年代，偏僻地区"黎平、榕江等县，要五十至八十斤大米才能换一斤盐"，"紫云县四大寨一带，每斤盐售价四斗白米"。1946年，雷山县换盐一斤需苞谷三至四斗，"一家农人每年耕作之收入，只能换盐十余斤，何等严重"。

抗战时期，贵州食盐价格尤为高昂。当时贵州盐价高达1000至1200元一斤，购盐一斤须付出三斗苞谷的代价，而每人每月只能食苞谷七升半，四月之食换一月之盐。贵州盐价之高已非常畸形。

表1 1936—1949年贵州省盐米比值表

年度	盐米比值	年度	盐米比值	年度	盐米比值
1936	1：32	1941	1：52	1946	1：32
1937	1：59	1942	1：56	1947	1：34
1938	1：43	1943	1：41	1948	1：28
1939	1：66	1944	1：74	1949	1：21
1940	1：58	1945	1：76		

资料来源：唐仁粤《中国盐业史（地方编）》，人民出版社1997年版，第672页

表2 仁綦涪永黔南各销区1945年第三次川盐仓价一览表

级别	所属配销据点	每市担仓价
一级	习水、赤水、盖石洞、东溪	49 800元
二级	猿猴、土城、二郎滩、马桑坪、松坎	51 300元
三级	茅台、桐梓、安常	53 300元
四级	鸭溪、板桥、遵义、赤水河	56 300元
五级	金沙、刀靶水、湄潭、务川、瓢儿井、凤岗	59 800元
六级	滥泥沟、沿河、毕节、大定、织金、贵阳	64 800元
七级	惠水、马场坪、思南、威宁、水城、安顺	71 300元
八级	汇口、贞丰、盘县	79 800元
自运花盐	贵阳市限价（黔南川花盐比照发售）	10 600元
自运花盐	贵阳（发售军盐及配放外县食盐之议价）	56 300元
自运花盐	都匀、独山、三都	64 800元
自运花盐	镇远、晴隆、石阡、榕江	71 300元
自运花盐	兴义、兴仁、安龙	79 800元
自运巴盐	都匀、独山	71 300元
自运巴盐	晴隆、镇远、石阡（黔南川巴盐比照发售）	79 800元

资料来源：自贡市档案馆藏《川康盐务管理局运销黔盐盐价》

由上表可知，在抗日战争末期，贵州省盐米的比值竟高达1∶76，即七十六斤大米才能换一斤盐，且部分川盐配销据点每市担仓价近80 000元。贵州食盐紧缺及盐价高的问题竟达到如此严重的地步。

可以说，在20世纪50年代之前，"淡食"是贵州地区相当普遍的现象。《贵州近代盐荒论》有载，贵州民间常有吃"洗澡盐"或"打滚盐"，即只是将盐块在菜汤内一滚而过而已。至于"供菩萨盐""挂吊颈盐"或"望盐"者，则是把起码的物质需要当作难得的精神享受。而"山僻民苗"由于"终岁不得食盐"，久而久之，竟至"习饥已成俗"的地步。独山一带，人民艰于盐，用蕨灰浸水食。荔波等地，"诸苗饮食，鲜食盐，淋灰水浸肉而食。或以牛豚等骨用水浸，俟其酸臭以当盐"。安平的苗族，"购得肉类，即出小刀割成若干小块，放以辣椒，然后更注以汤液。而所谓汤液者，即牛之小肠内所贮藏的绿色液体也。伊等用此绿液作调味之用。亦有以羊胆猪胆之汁作调味之用者"。贵州极度缺盐的境况由此可见一斑。

川盐销黔历史过程

元代至近代，贵州境内所需食盐全赖川盐、粤盐、滇盐及淮盐等接济，总体上讲，川盐在其中占据最主要的地位。川盐运销贵州的时间以元明清及民国时期为主，销区几乎涵盖贵州全境。

据《四川盐法志》等载，元代至元二年（1265）为贵州食川盐之始。明代洪武三年（1370），朝廷募商纳米中盐，普安、普定、乌撒、乌蒙等处皆杂给四川、淮浙、安宁等盐。清顺治十二年（1655），贵阳、安顺、平越、都匀、思南、石阡、大定、遵义皆食川盐。据顾文栋《贵州进口盐源及其运销区的演变史略》考察，贵州建省后，万历年间，其进口食盐的行销区域是：（1）西部地区的威宁、毕节和普安、普定以至兴仁、兴义等县，为川盐、淮盐、滇盐合销区。（2）东部地区的锦屏、镇远和天柱、松桃等县，为淮盐专销区。（3）其余黔中各地，包括贵阳、遵义、安顺和清镇、息烽以至都匀、贵定等县，均为川、滇盐合销区。康熙二十五年（1686），结合贵州人民喜吃川盐的习惯，官府对全省食盐的进销区进行了一次大范围的调整：（1）准许粤盐进口，但规定其行销范围只为榕江、永从和独山等三县；（2）滇盐行销区仅限于普安一地；（3）黔东镇远、玉屏和铜仁、松桃、锦屏等地，仍为淮盐行销区；（4）其余的如贵阳、都匀、思南、石阡和大定、威宁等府州，以及安顺府盘江以下各州县，均为川盐行销区。至乾隆中期，贵州地区不食川盐者唯黎平一府，其全省几乎全赖川盐供给。

川盐在贵州具有良好的民众基础和广阔市场。贵州紧邻四川、云南，二省均产井盐，但是川盐相较滇盐更加廉价且售卖方式更为灵活。《四川盐法志》卷十"贵州边岸"载：

> 普安等处四面坏苗，每年耕作除纳正供之外，所余谷米不足以活家口。川盐不拘斤数，零星可卖，而滇盐必须整块。川盐不拘米布，皆可易换，而滇盐必须纹银。川盐价贱，每斤不及三分，而滇盐价重，溢于四分三厘之外，难受派销之苦。今幸议令仍食川盐。

并且，《四川盐法志》复载："滇盐课税较诸川盐课税相去二十余倍，黔省普安等处远在万山之中，民苗野处，日给艰难，以黑井最贵之盐行于该处最苦之地，不特民苗告穷，即商灶亦受赔累，故令食川盐。"

清代民国时期运销黔省的川盐产场主要是富荣盐场和犍乐盐场，其中又以自贡富荣盐场为最。民国初期，川盐运销贵州各县的引岸、配运盐场等情况在林振翰的《川盐纪要》中给予了详细记载，详见表3。

表 3 民国初期川盐行销贵州情况表

地名	原隶府州	引岸名	行何厂盐	地名	原隶府州	引岸名	行何厂盐
贵阳县	贵阳府	仁边 綦边	富荣	铜仁县	铜仁府	涪边	富荣 犍厂
息烽县	贵阳府	仁边 綦边	富荣	江口县	铜仁府	涪边	富荣 犍厂
长寨县	贵阳府	仁边 綦边	富荣	省溪县	铜仁府	涪边	富荣 犍厂
罗斛县	贵阳府	仁边 綦边	富荣	思县	思州府	涪边	富荣 犍厂
紫江县	贵阳府	仁边 綦边	富荣	清溪县	思州府	涪边	富荣 犍厂
定番县	贵阳府	仁边 綦边	富荣	玉屏县	思州府	涪边	富荣 犍厂
大塘县	贵阳府	仁边 綦边	富荣	思南县	思南府	涪边	富荣 犍厂
广顺县	贵阳府	仁边 綦边	富荣	德江县	思南府	涪边	富荣 犍厂
龙里县	贵阳府	仁边 綦边	富荣	沿河县	思南府	涪边	富荣 犍厂
贵定县	贵阳府	仁边 綦边	富荣	印江县	思南府	涪边	富荣 犍厂
修文县	贵阳府	仁边 綦边	富荣	务川县	思南府	涪边	富荣 犍厂
平越县	平越直隶州	綦边	富荣	后坪县	思南府	涪边	富荣 犍厂
湄潭县	平越直隶州	綦边	富荣	松桃县	思南府	涪边	富荣 犍厂
余庆县	平越直隶州	綦边	富荣	石阡县	石阡府	涪边	富荣 犍厂
瓮安县	平越直隶州	綦边	富荣	凤泉县	石阡府	涪边	富荣 犍厂
遵义县	遵义府	仁边 綦边	富荣	毕节县	大定府	仁边	富荣
绥阳县	遵义府	仁边 綦边	富荣	大定县	大定府	仁边	富荣
桐梓县	遵义府	仁边 綦边	富荣	水城县	大定府	仁边	富荣
仁怀县	遵义府	仁边	富荣	黔西县	大定府	仁边	富荣

续表

地 名	原隶府州	引岸名	行何厂盐	地 名	原隶府州	引岸名	行何厂盐
习水县	遵义府	仁边	富荣	织金县	大定府	仁边	富荣
正安县	遵义府	仁边	富荣	威宁县	大定府	仁边	富荣
都匀县	都匀府	綦边	富荣	安顺县	安顺府	永边	富荣犍厂
平舟县	都匀府	綦边	富荣	普定县	安顺府	永边	富荣犍厂
炉山县	都匀府	綦边	富荣	清镇县	安顺府	永边	富荣犍厂
荔波县	都匀府	綦边（川粤并销）	富荣	镇宁县	安顺府	永边	富荣犍厂
麻哈县	都匀府	綦边	富荣	郎岱县	安顺府	永边	富荣犍厂
独山县	都匀府	綦边（川粤并销）	富荣	平坝县	安顺府	永边	富荣犍厂
三合县	都匀府	綦边（川粤并销）	富荣	紫云县	安顺府	永边	富荣犍厂
八寨县	都匀府	綦边	富荣	关岭县	安顺府	永边	富荣犍厂
都江县	都匀府	綦边	富荣	南笼县	兴义府	永边	富荣犍厂
丹江县	都匀府	綦边	富荣	普安县	兴义府	永边	富荣犍厂
镇远县	镇远府	涪边	富荣犍厂	兴义县	兴义府	永边	富荣犍厂
天柱县	镇远府	涪边	富荣犍厂	兴仁县	兴义府	永边	富荣犍厂
施秉县	镇远府	涪边	富荣犍厂	安南县	兴义府	永边	富荣犍厂
邛水县	镇远府	涪边	富荣犍厂	贞丰县	兴义府	永边	富荣犍厂
黄平县	镇远府	涪边	富荣犍厂	册亨县	兴义府	永边	富荣犍厂
台拱县	镇远府	涪边	富荣犍厂	盘 县	兴义府	永边	富荣犍厂
剑河县	镇远府	涪边	富荣犍厂	赤水县	兴义府	仁边	富荣

资料来源：林振翰《川盐纪要》，商务印书馆1919年版

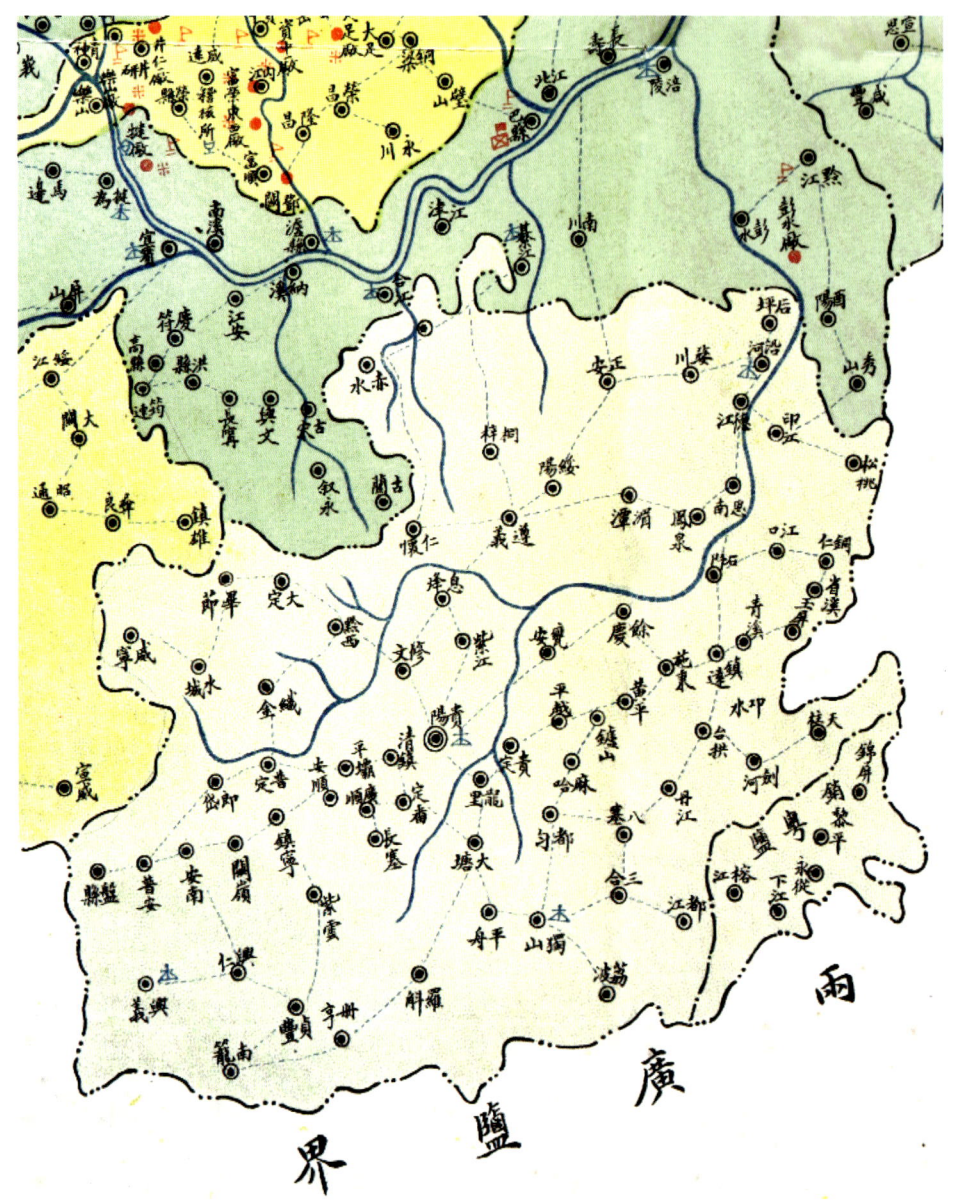

川盐销黔区域图（来源：1932年《四川盐政史图册》）

抗日战争时期，川盐销黔的区域最为广阔。据张肖梅博士等在抗战期间的调查统计，贵阳、仁怀、习水、遵义、绥阳、桐梓、正安、大定、威宁、毕节、黔西、织金、水城、贵筑、息烽、修文、龙里、贵定、开场、定番、大塘、广顺、长寨、罗甸、亦水、都匀、平舟、炉山、麻江、八寨、丹江、平越、瓮安、湄潭、余庆、岑巩、青溪、玉屏、思南、德江、沿河、印江、务川、后坪、镇远、三穗、施秉、天柱、台拱、剑河、铜仁、江口、省溪、石阡、凤冈、松桃、黄坪等56县，安顺、普定、清镇、镇宁、郎岱、平坝、紫云、普安、安龙、兴义、兴仁、关岭、安南、贞丰、盘县、册亨等16县，荔波、独山、三合3县，均食用川盐。

全面抗战时期，作为大后方的贵州人口激增，所需食盐数量随之增加。刘熙乙著《解决贵州食盐问题建议书》对战时贵州各市县的每月盐额、配盐站点、人口、人均日食盐量进行了翔实的统计，这对我们了解当时的盐运及食盐配销等情况有重要意义，详见表4。

表4 全面抗战时期贵州配盐站点、配销县份、人口及盐额统计表

盐别	站点配额	县市别	人口	每月盐额（担）	每年盐额（担）	备考
川盐官运	贵阳	1市13县				
川盐官运	贵阳	贵阳市	136 955	1284	15 408	该市系按每人日食5钱计算
川盐官运	贵阳	贵筑	164 077	1538	18 456	该县系按每人日食5钱计算
川盐商运	贵阳	惠水	149 238	1339	16 788	该县系按每人日食5钱计算
川盐商运	贵阳	龙里	70 379	660	7920	该县系按每人日食5钱计算
川盐商运	贵阳	贵定	98 519	924	11 088	该县系按每人日食5钱计算
川盐商运	贵阳	长顺	87 835	824	9888	该县系按每人日食5钱计算
川盐商运	贵阳	炉山	91 604	859	10 308	该县系按每人日食5钱计算
川盐商运	贵阳	麻江	78 113	733	8796	该县系按每人日食5钱计算
川盐商运	贵阳	施秉	36 580	343	4116	该县系按每人日食5钱计算
川盐商运	贵阳	黄平	127 643	1196	14 352	该县系按每人日食5钱计算
川盐商运	贵阳、遵义	平越	77 150	724	8688	该县系按每人日食5钱计算
川盐商运	贵阳、镇远、都匀	台江	61 098	573	6876	该县系按每人日食5钱计算
川盐商运	贵阳、都匀	平塘	94 233	884	10 608	该县系按每人日食5钱计算
川盐商运	贵阳	罗甸	81 216	761	9132	该县系按每人日食5钱计算

续表

盐别	站点配额	县市别	人口	每月盐额（担）	每年盐额（担）	备考
川盐官运	镇远	6县	480 665	4505	54 060	
川盐官运	镇远	玉屏	72 051	675	8100	该县系按每人日食5钱计算
川盐官运	镇远	三穗	68 131	639	7668	该县系按每人日食5钱计算
川盐官运	镇远	剑河	61 224	574	6888	该县系按每人日食5钱计算
川盐官运	镇远	天柱	141 450	1326	15 912	该县系按每人日食5钱计算
川盐官运	镇远	岑巩	71 082	666	7992	该县系按每人日食5钱计算
川盐官运	镇远	镇远	66 727	625	7500	该县系按每人日食5钱计算
川盐官运	都匀	4县	447 176	4193	50 316	
川盐官运	都匀	都匀	125 612	1178	14 136	该县系按每人日食5钱计算
川盐官运	都匀	丹寨	61 642	578	6936	该县系按每人日食5钱计算
川盐官运	都匀	独山	151 553	1421	17 052	该县系按每人日食5钱计算
川盐官运	都匀	荔波	108 369	1016	12 192	该县系按每人日食5钱计算
川盐官运	赤水、土城、猿猴	1县	144 378	1354	16 248	
川盐官运	赤水、土城、猿猴	赤水	144 378	1354	16 248	该县系按每人日食5钱计算
川盐商运	滥泥沟	3县	448 022	4202	50 424	
川盐商运	滥泥沟	清镇	137 427	1289	15 468	该县系按每人日食5钱计算
川盐商运	滥泥沟	平坝	100 231	940	11 280	该县系按每人日食5钱计算
川盐商运	滥泥沟、大定	织金	210 364	1973	23 676	该县系按每人日食5钱计算
川盐商运	刀靶水	2县	151 550	1422	17 064	
川盐商运	刀靶水	息烽	69 609	653	7836	该县系按每人日食5钱计算
川盐商运	刀靶水	修文	81 941	769	9228	该县系按每人日食5钱计算
川盐商运	安顺	5县	624 347	5853	70 236	
川盐商运	安顺	安顺	266 859	2500	30 000	该县系按每人日食5钱计算
川盐商运	安顺	镇宁	97 275	913	10 956	该县系按每人日食5钱计算

续表

盐别	站点配额	县市别	人口	每月盐额（担）	每年盐额（担）	备考
川盐商运	安顺	紫云	81 236	761	9132	该县系按每人日食5钱计算
川盐商运	安顺	关岭	109 960	1031	12 372	该县系按每人日食5钱计算
川盐商运	安顺	望谟	69 017	648	7776	该县系按每人日食5钱计算
川盐商运	松坎	2县	411 601	3859	46 308	
川盐商运	松坎	绥阳	156 731	1469	17 628	该县系按每人日食5钱计算
川盐商运	桐梓、松坎、二郎滩、东溪、盖石洞	桐梓	254 870	2390	28 680	该县系按每人日食5钱计算
川盐商运	安场	3县	471 860	4 424	53 088	
川盐商运	安场	正安	203 650	1909	22 908	该县系按每人日食5钱计算
川盐商运	安场	道真	121 463	1139	13 668	该县系按每人日食5钱计算
川盐商运	安场	凤冈	146 747	1376	16 512	该县系按每人日食5钱计算
川盐商运	遵义	5县	1119 886	10 499	125 988	
川盐商运	遵义	遵义	624 594	5855	70 260	该县系按每人日食5钱计算
川盐商运	遵义	余庆	89 171	836	10 032	该县系按每人日食5钱计算
川盐商运	遵义	湄潭	162 218	1521	18 252	该县系按每人日食5钱计算
川盐商运	遵义	瓮安	110 785	1039	12 468	该县系按每人日食5钱计算
川盐商运	遵义	开阳	133 118	1248	14 976	该县系按每人日食5钱计算
川盐商运	沿河	1县	210 470	1579	18 948	
川盐商运	沿河	沿河	210 470	1579	18 948	该县系按每人日食4钱计算
川盐商运	思南	7县	1112 222	8341	100 092	
川盐商运	思南	思南	236 719	1775	21 300	该县系按每人日食4钱计算
川盐商运	思南	江口	83 147	624	7488	该县系按每人日食4钱计算
川盐商运	思南	石阡	147 252	1104	13 248	该县系按每人日食4钱计算
川盐商运	思南	印江	176 862	1326	15 912	该县系按每人日食4钱计算
川盐商运	思南	德江	110 282	827	9924	该县系按每人日食4钱计算

续表

盐别	站点配额	县市别	人 口	每月盐额（担）	每年盐额（担）	备 考
川盐商运	思南	铜仁	130 401	978	11 736	该县系按每人日食4钱计算
川盐商运	思南	松桃	227 559	1707	20 484	该县系按每人日食4钱计算
川盐商运	江口	1县	152 550	1144	13 728	
川盐商运	江口	务川	152 550	1144	13 728	该县系按每人日食4钱计算
川盐商运	大定	4县	739 045	6928	83 136	
川盐商运	大定	纳雍	135 263	1268	15 216	该县系按每人日食5钱计算
川盐商运	大定	普定	132 409	1241	14 892	该县系按每人日食5钱计算
川盐商运	大定、瓢儿井、鸡场、毕节	大定	324 057	3038	36 456	该县系按每人日食5钱计算
川盐商运	大定	郎岱	137 316	1381	16 572	该县系按每人日食5钱计算
川盐商运	叙永、毕节	1县	302 741	2838	34 056	
川盐商运	叙永、毕节	毕节	302 741	2838	34 056	该县系按每人日食5钱计算
川盐商运	水城	1县	158 337	1485	17 820	
川盐商运	水城	水城	158 337	1485	17 820	该县系按每人日食5钱计算
川盐商运	毕节、威宁	1县	267 897	2511	30 132	
川盐商运	毕节、威宁	威宁	267 897	2511	30 132	该县系按每人日食5钱计算
川盐商运	新场、茅台、鸭溪、滥泥沟	1县	250 831	2351	28 212	
川盐商运	新场、茅台、鸭溪、滥泥沟	黔西	250 831	2351	28 212	该县系按每人日食5钱计算

续表

盐别	站点配额	县市别	人 口	每月盐额（担）	每年盐额（担）	备 考
川盐商运	新场、茅台、鸭溪	1县	194 094	1820	21 840	
川盐商运	新场、茅台、鸭溪	金沙	194 094	1820	21 840	该县系按每人日食5钱计算
川盐商运	茅台、二郎滩、马桑坪	1县	252 259	2365	28 280	
川盐商运	茅台、二郎滩、马桑坪	仁怀	252 259	2365	28 280	该县系按每人日食5钱计算
川盐商运	松坎、习水、东溪、土城	1县	166 837	1564	18 768	
川盐商运	松坎、习水、东溪、土城	习水	166 837	1564	18 768	该县系按每人日食5钱计算
川盐商运	盘县	3县	372 005	2092	25 104	各县原系淮盐销区，现已推销川盐，暂按每人日食3钱配销
川盐商运	盘县	盘县	243 255	1368	16 416	该县原系淮盐销区，现已推销川盐，暂按每人日食3钱配销
川盐商运	盘县	普安	77 232	434	5208	该县原系淮盐销区，现已推销川盐，暂按每人日食3钱配销
川盐商运	盘县	晴隆	51 518	290	3480	该县原系淮盐销区，现已推销川盐，暂按每人日食3钱配销
川盐商运	兴义	5县	551 458	3102	37 224	各县原系滇盐销区，现已推销川盐，暂按每人日食3钱配销

续表

盐别	站点配额	县市别	人口	每月盐额（担）	每年盐额（担）	备考
川盐商运	兴义	安龙	114 833	646	7752	该县原系滇盐销区，现已推销川盐，暂按每人日食3钱配销
川盐商运	兴义	册亨	61 705	347	4164	该县原系滇盐销区，现已推销川盐，暂按每人日食3钱配销
川盐商运	兴义	兴义	180 670	1016	12 192	该县原系滇盐销区，现已推销川盐，暂按每人日食3钱配销
川盐商运	兴义	兴仁	100 652	566	6792	该县原系滇盐销区，现已推销川盐，暂按每人日食3钱配销
川盐商运	兴义	贞丰	93 598	527	6324	该县原系滇盐销区，现已推销川盐，暂按每人日食3钱配销
粤 盐	长安	5县	477 064	3578	42 936	
粤 盐	长安	三都	76 381	573	6876	该县暂按每人日食4钱配销
粤 盐	长安	锦屏	74 732	560	6720	该县暂按每人日食4钱配销
粤 盐	长安	黎平	145 877	1094	13 128	该县暂按每人日食4钱配销
粤 盐	长安	榕江	90 351	678	8136	该县暂按每人日食4钱配销
粤 盐	长安	从江	89 723	673	8076	该县暂按每人日食4钱配销

文献来源：刘熙乙《解决贵州食盐问题建议书》

由此表可看出，全面抗战时期除三都、锦屏、黎平、榕江、从江外，贵州其他地区的民众均食用川盐，且川盐销售和覆盖贵州的人口高达1038万，年销额亦达109万担之巨。从上可见川盐销黔对解决贵州广大人民群众食盐问题的重要作用。

川黔古盐道的路线分布

清代以前，川盐运黔的具体路线已很难详细考证，诚如《四川盐法志》卷五"运销"所言："川盐运道在唐宋元明时代，虽亦销分区域，然只史书见有此种办法，而当时究竟某处应销某场之盐，不载于书，无可考查。"入清以来，川盐销黔的区域和路线逐渐清晰起来。有清一代，销往贵州的川盐主要是富顺、荣县、犍为、乐山及射洪等地所产的食盐；民国时期主要是富荣盐场及犍乐盐场的食盐销黔，其中富荣盐场所产井盐的销区和销量最大。综合川黔地区的河道、陆路交通及食盐产地和盐务管理等因素，清乾隆初年，形成了仁岸、永岸、涪岸、綦岸四大川盐转运贵州的口岸及固定的运输路线。

晚清民国时期，关于川盐运黔的路线有了详细的文献记载，《四川盐法志》《四川官运盐案类编》《四川盐政史》《川盐实况及增产问题》《川盐纪要》《贵州盐务月刊》等均有相关的记述。笔者综合分析上述文献及结合实地考察认为，川盐运黔的路线在民国时期的文献中记载得最为细致和准确。在此，笔者主要以《贵州盐务月刊》《四川盐政史》《川盐实况及增产问题》为据，对川盐运黔"四岸"路线梳理如下：

其一，1930年《贵州盐务月刊》记载：

仁岸，由赤水入口夹子口分二路：一由插蜡园运销长沙场、石笋、官渡、东皇店等地；一由大洞场、丙滩、葫市、猿猴、土城、二郎滩、茅台村分销安底场、新场、黔西、滥泥沟各地，或自茅台村运鸭溪，经刀靶水分销团溪、瓮安、平越及贵阳、清镇、平坝、安顺各属。

綦岸，由江津运至綦江后分三道入口：自盖石硐经羊蹄硐、太平桥至赶水分二支，一支经九盘子、观音桥、石壕、苏家井、撮箕口、夜郎坝而至新栈；另一经松坎、清水溪而至新栈运销桐梓、遵义、贵阳各县。松坎而下复分支路二：其取道小河关者至观音桥与由九盘子之运道合取道官田市、木瓜庙者至旺草与羊尔之运道。一自石角镇、青羊市、板梨坝入口分支路二，一由湾塘经水坝场、安思溪、正安、湄潭以销凤泉、余庆；一由羊尔、庙塘、土坝以销马头山及旺草、绥阳等地。自南川分四路入口，一路由马嘴、三元场经正安属之大阡坝、邓家坝而至安顺场；

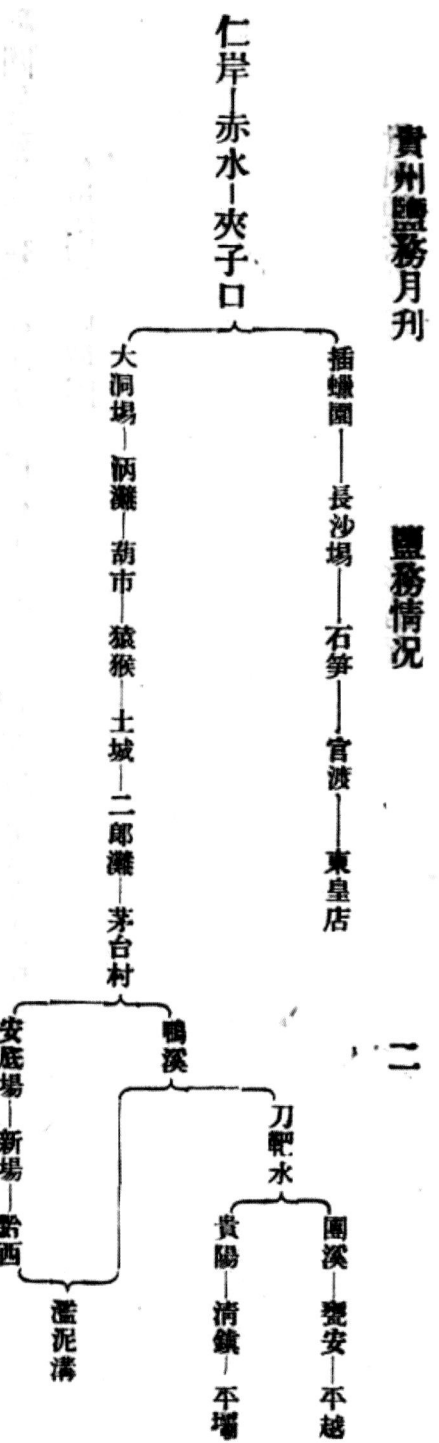

仁岸川盐运销路线示意图（来源：《贵州盐务月刊》）

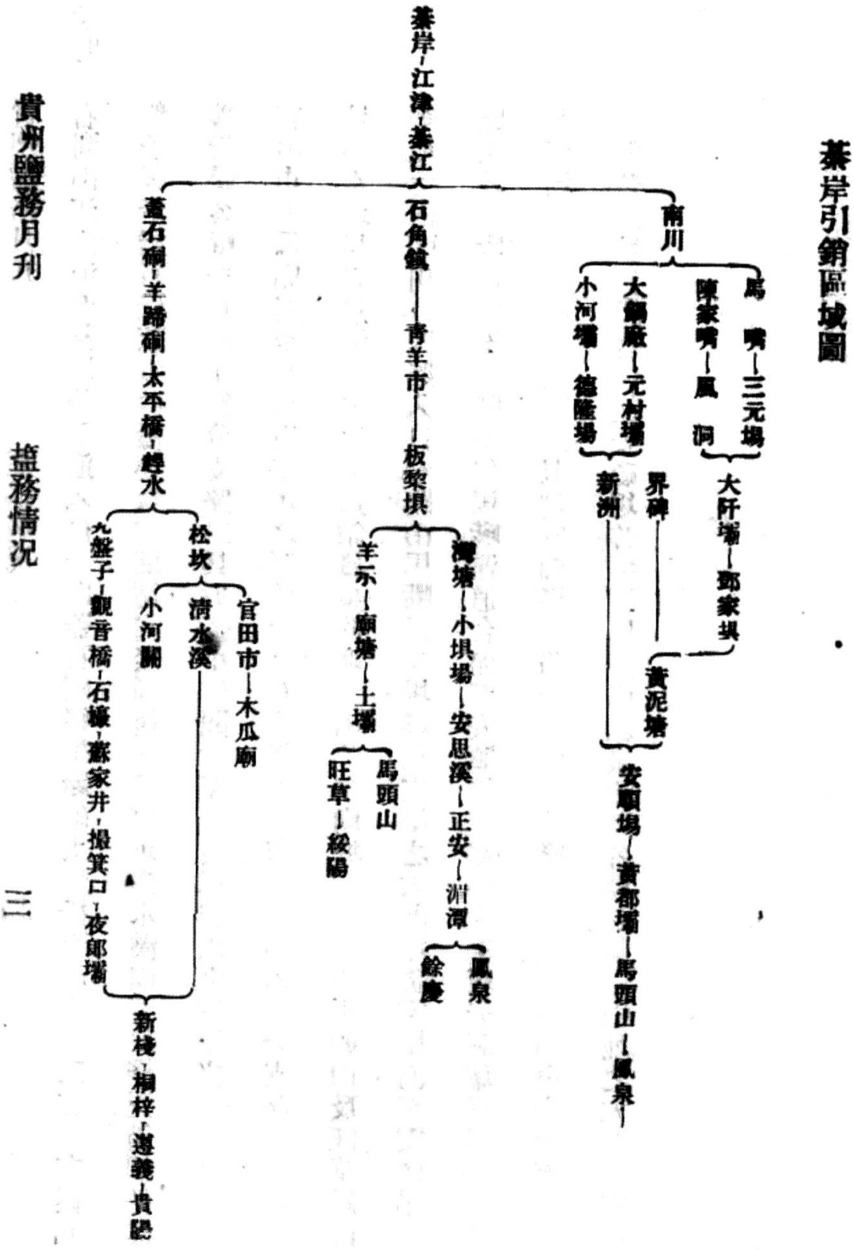

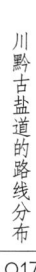

綦岸川盐运销路线示意图（来源：《贵州盐务月刊》）

一路由陈家嘴、风洞至大阡坝与马嘴运道合，而至安顺场；一路由大锅厂、元村坝经界碑以达黄泥塘，或由界碑经至新洲以销安顺场；一路由小河坝、德隆场与元村坝路会合而至新洲，复与黄泥塘运道合，而销安顺场、黄都坝、马头山、凤泉、湄潭各地。

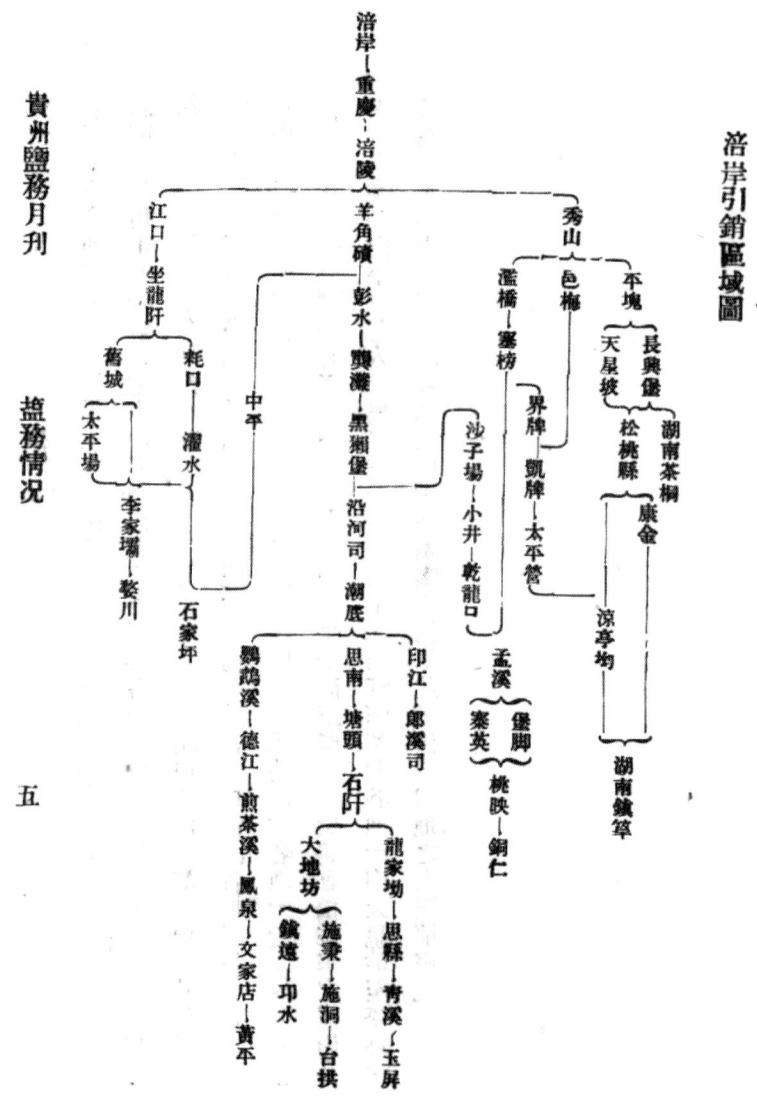

涪岸川盐运销路线示意图（来源：《贵州盐务月刊》）

涪岸，由涪陵入口运抵黔境分三道：一自江口至坐龙阡分二支，一支经旧城、太平场至李家坝、婺川，一支经耗口至濯水与李家坝至石家坪合道。一自羊角碛至中平至石家坪。另羊角碛经彭水、龚滩、黑獭堡、沿河司、潮底分三支：一支由鹦鹉溪经德江、煎茶溪、凤泉、文家店至黄平等地；一支经思南、塘头、石阡抵达大地坊、镇远、邛水及施秉、施洞、台拱等地，或从石阡经龙家坳、思县、青溪至玉屏等地；一支至印江、郎溪司等地；或由黑獭堡经沙子场、小井至乾龙口。一自秀山分三支：一由滥桥至塞榜、乾龙口、孟溪、寨英、桃映、铜仁等地，

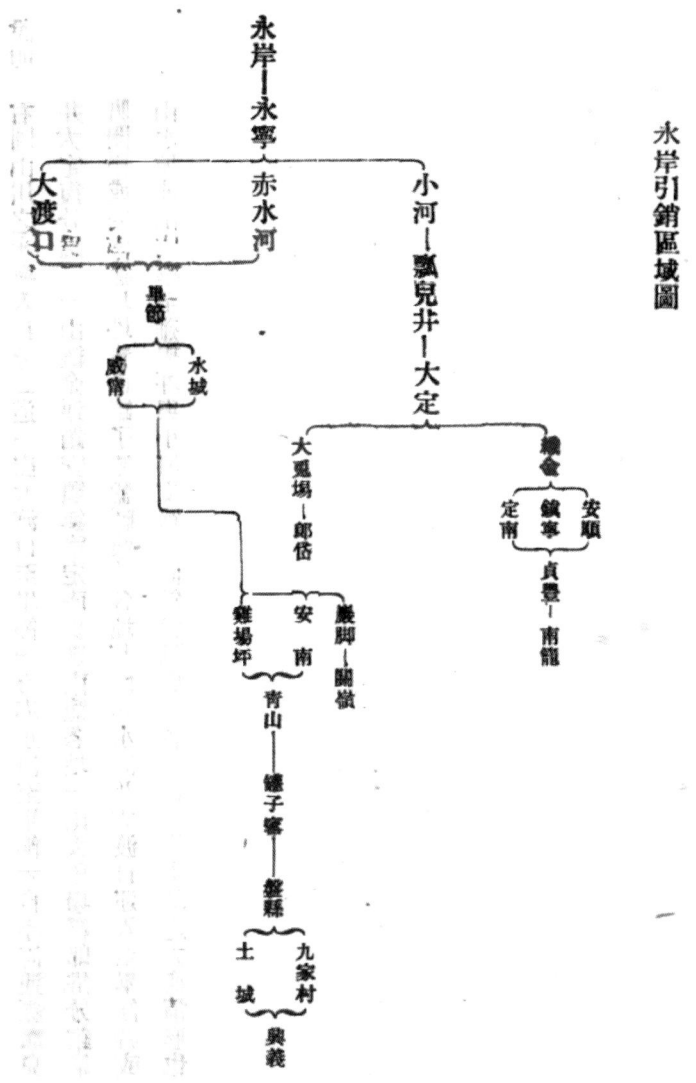

永岸川盐运销路线示意图（来源：《贵州盐务月刊》）

或自孟溪经堡脚至铜仁；一由邑梅与塞榜至界牌、凯牌合道，经太平营、凉亭坳至湖南镇箕等地；一由平块经天星坡或长兴堡至松桃县、湖南茶桐，再由松桃至康金或凉亭坳至湖南镇箕。

永岸，由川之永宁入口分三道：一自大渡口至毕节；一自赤水河至毕节；一自小河运经瓢儿井、大定，复分为二，一由织金运销安顺、镇宁、定南、贞丰、南笼各地，一由大兔场经郎岱分销岩脚、关岭或安南、鸡场坪、青山、罐子窑、盘县、兴义各地，其自赤水河及大渡口运入至毕节者，或由水城或由威宁至鸡场坪与小河支路合，而销盘县、兴义各属。

其二，1932年《四川盐政史》载：

仁岸，其主线是合江—复兴—丙滩场—胡市场—土城—顺江场—兴隆场—三合树—茅台村—鸭溪—刀把水—遵义、贵阳等地，逆赤水河而上，水运止于茅台，再转陆运。其中又有四条支线：（1）茅台村转陆运后，到达新场—滥泥沟（大关镇）—黔西州—镇西街—清镇县；（2）滥泥沟分路后，到达陆广、平远州；（3）滥泥沟分路后，另一路线运至滴淤桥和安平县；（4）鸭溪分路后，依次可到团溪—瓮安、猪场—平越、牛场。

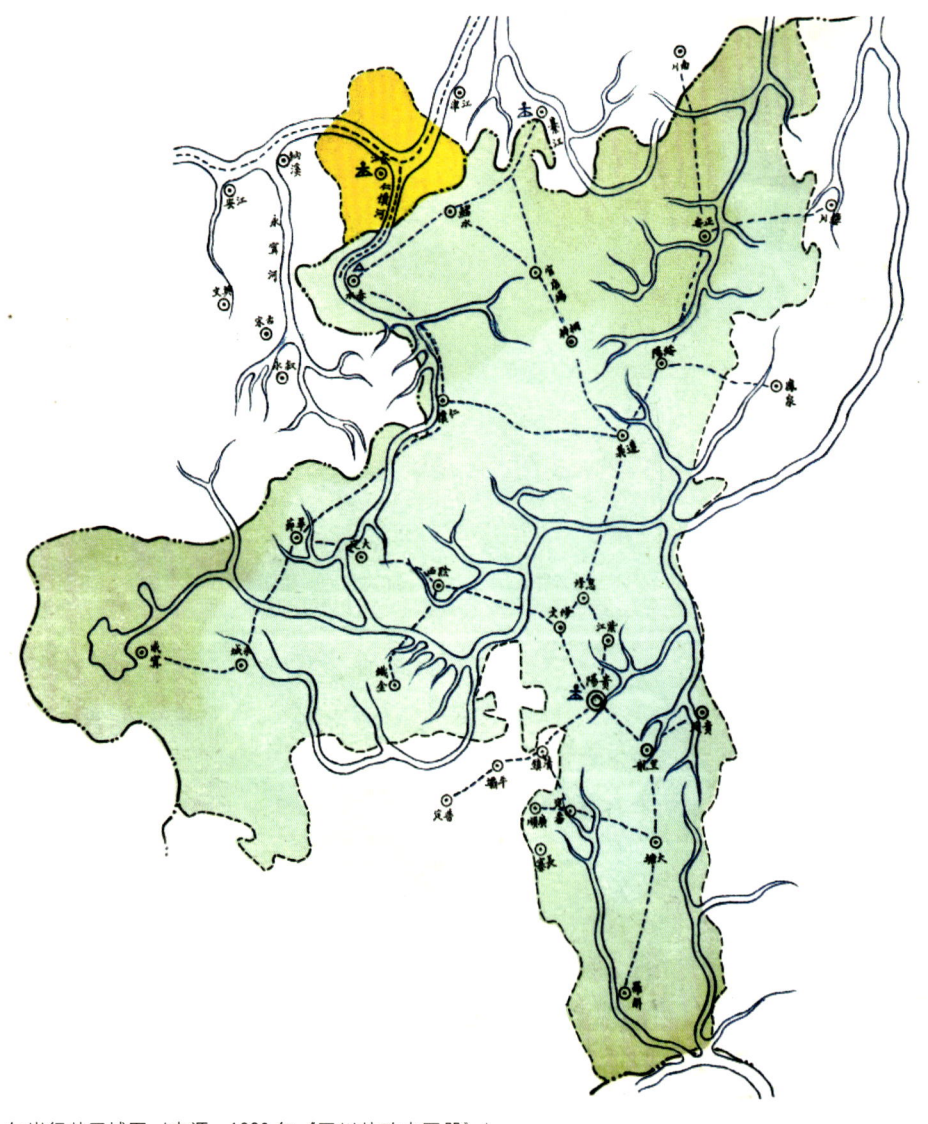

仁岸行盐区域图（来源：1932年《四川盐政史图册》）

永岸，其主线是叙永县—普市—赤水河—金银山—毕节县—兔场—南毗—水程（城）厅—鸡冠营—代马—普安厅。其中又有六条支线：（1）运至毕节县分路后，到达七星关—七家湾—威宁州；（2）运至七星关分路后，到达挪呼—小城厅—八家寨—高石坎—立碑—地瓜坡—新城；（3）在七星关分路后，另一路到达黑童、马姑河；（4）普汛—瓢儿井—大定府—兔场—鸡场—郎岱厅—贞丰州；（5）在瓢儿井分路后，到达茶店—平远州—三岔河—安顺府—归化厅；（6）运至三岔河分路后，到达镇惟州、永宁州。

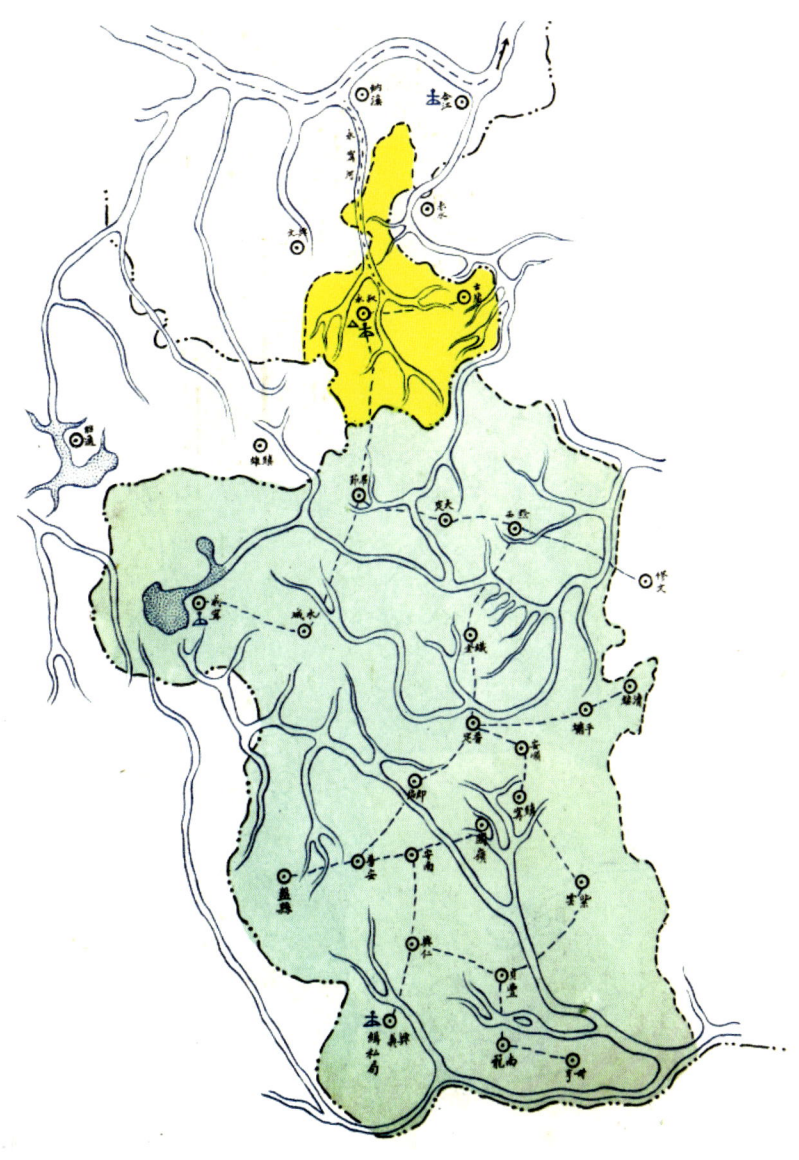

永岸行盐区域图（源自1932年《四川盐政史图册》）

涪岸，其主线是涪陵县—小溪场—边滩—羊角碛—江口镇—彭水县—龚滩—沿河县—新滩—潮底场—思南府—葛内渡—塘头场—石阡府—龙家沟—思州府—龙溪口—镇远府。其支线有两条：（1）涪陵县—小溪场—土坎场—中嘴场—龙溪场—彭水县—鹿角沱—龚滩—思渠关—沿河司—秀山县—松桃厅—铜仁府；（2）涪陵县—彭水县—正安—务川。

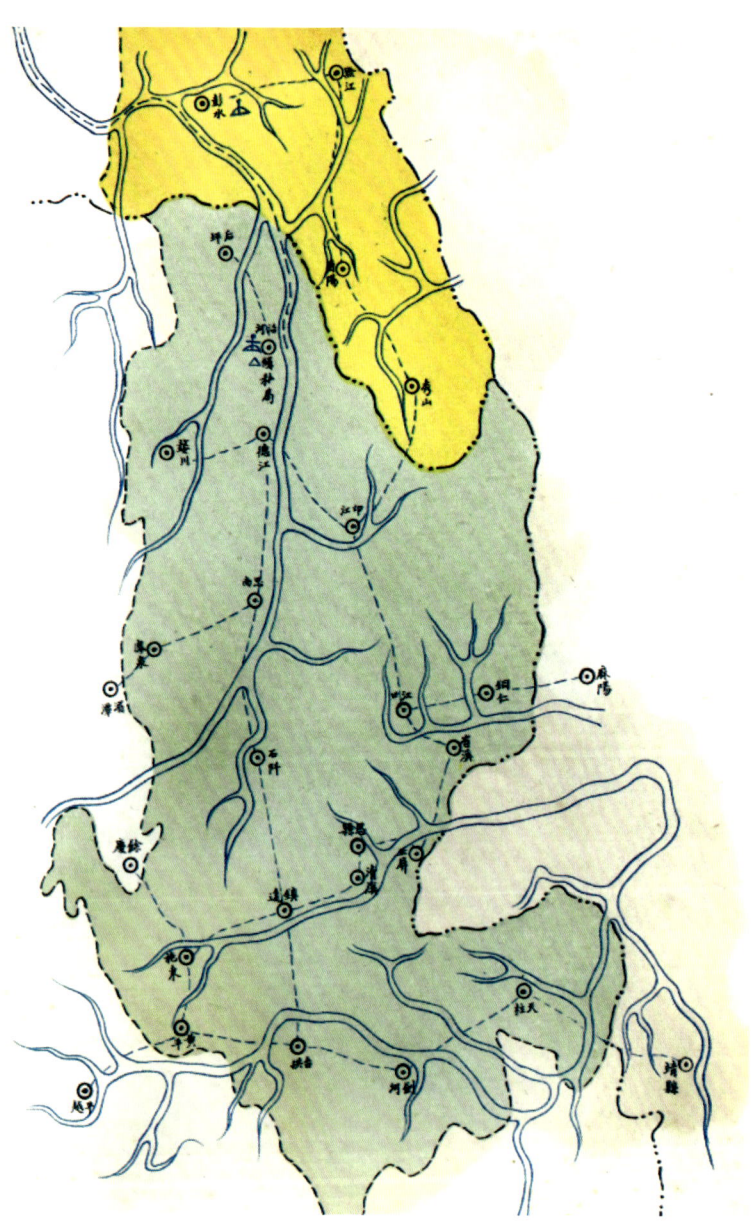

涪岸行盐区域图（源自 1932 年《四川盐政史图册》）

綦岸，其主线为从綦江县运抵三溪—盖石洞—越水镇—牛口石—松坎—新栈—中冈—枧坝—绥阳县—遵义县—羊崖关—崖坑场—瓮安县—平越县—都匀县。其支线三条：（1）青羊石—湾塘—三岔沟—正安县—灵官场—湄潭县—箐口场—瓮安县—荔波县；（2）新栈—桐梓县—四失栈—遵义县—息烽—沙子哨—定番县—平越县—都匀县—独山县—红水江；（3）沙子哨—狗场—广顺县—长寨厅—岂羊—罗斛县。

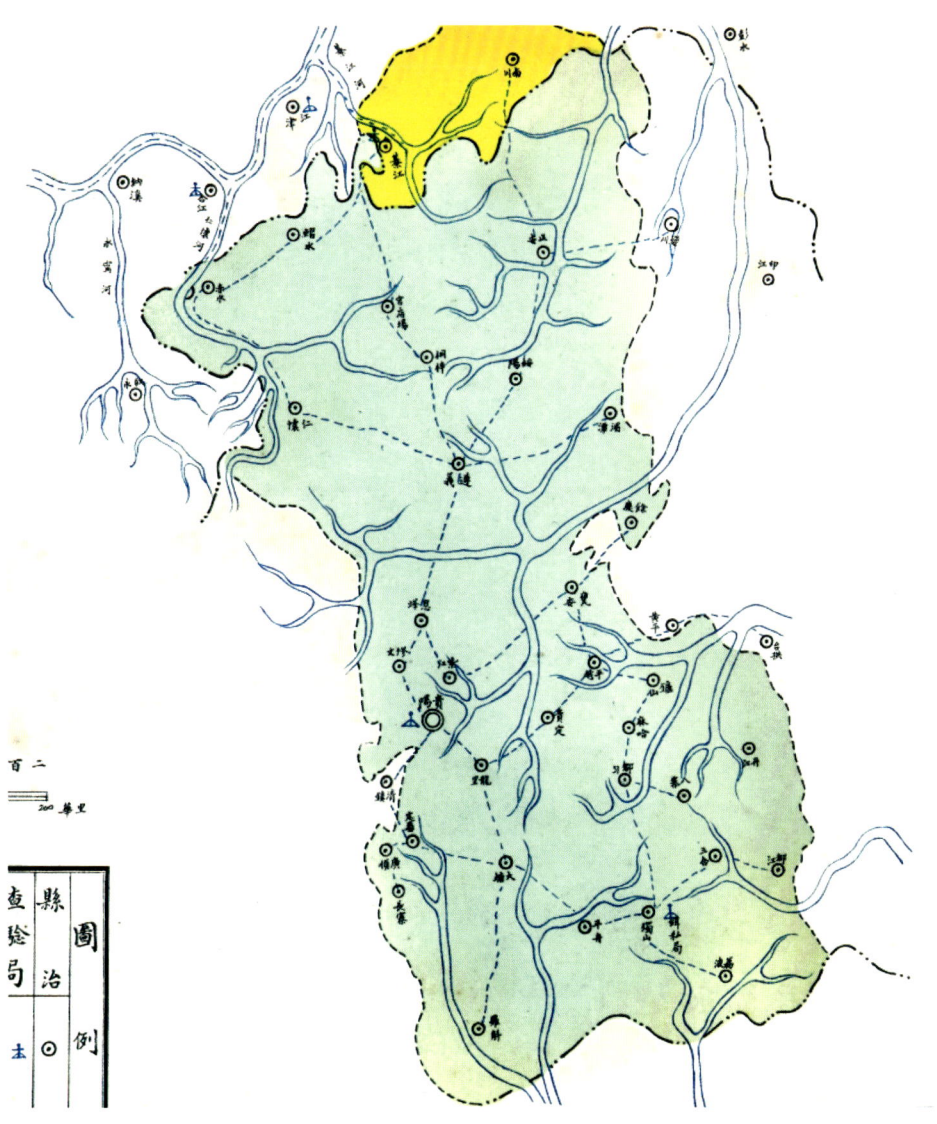

綦岸行盐区域图（源自1932年《四川盐政史图册》）

其三，1939年《川盐实况及增产问题》将"四岸"的运销范围分为黔东和黔西，该文献对其路线作了如下记载：

川省运入黔省之盐，在黔东为涪、綦两边岸。涪岸自酉阳属之龚滩登陆，用人力经沿河而到思南，遂分两路：一路自思南用小木船逆流以达石阡，每船但装三十余包，再由石阡登陆，用人力以抵镇远，分达岑巩等县；一路由思南分往沿口等县。綦岸运赴黔东之盐，于到达遵义后，一路由团溪以达湄潭，一路赴瓮安以至牛场、平越而达炉山；一路循小道以至黄平，顺流而至施东。在黔北为綦边岸，由江津换船逆运至綦江属之盖石洞，河床陡狭，怪石嶙峋，然尚有水道可通，遂换最小木船，每船仅载十包（以普通一包分为二包），经羊蹄洞而至松坎；登陆用人力运至遵义，分为四路；一经息烽以达贵阳，一至团溪，一至瓮安，一至黄平，皆循小路。

在黔西为仁、永两边岸。仁边之盐，由合江换船逆运赤水，每船可装一百五十包，再换船至猿猴场，每船约载四五十包，至此再换船经土城以达二郎滩，每船仅载二十余包，自二郎滩至马山（桑）坪改用人力，由马山坪至茅台则复水运；抵茅台后，一路经仁坏、鸭溪以至贵阳，一路经仁坏、新盐以至安顺。永边之盐，由叙永分两路入黔，一路至瓢儿井，一路至毕节；到瓢儿井后又分数路，一至黔西，一经大定、织金以至安顺，一经大兔场经羊场以至普安；到毕节后一赴威宁，一经水城，至盘县而后分销各县。在黔南皆属仁边岸，由鸭溪经息烽以至贵阳，一路由贵阳用马力经定番而达罗甸，一路循公路用马力或汽车经龙里、贵定而达都匀，以抵独山、麻江、平舟、三合等县。

综上，笔者结合1939年陈建棠等人的调查研究，将川盐运黔"四岸"的路线、方式及日程整理为表5至表8。

表5 仁岸运输路线、方式及日程一览表

起迄	路线	运输方式	日程
合江至赤水	赤水河	木船	不详
赤水至猿猴	赤水河	木船	不详
猿猴至土城	赤水河	木船	不详
土城至二郎滩	赤水河	木船	不详
二郎滩至茅台	赤水河与旱道	船与背	不详

续表

起讫	路线	运输方式	日程
茅台至新场	旱道（土路小道）	背负	不详
新场至滥泥沟	旱道（土路小道）	马驮	不详
滥泥沟至安顺	旱道（土路小道）	马驮	不详
茅台至鸭溪	旱道（土路小道）	人、马	不详
鸭溪至刀靶水	旱道（土路小道）	人、马	不详
刀靶水至扎佐	川黔公路	人、马	不详
扎佐至贵阳	川黔公路	背负	一日
贵阳至都匀	湘桂黔公路	马驮	三日
贵阳至独山	旱道（土路小道）、公路	马驮、汽车	三日或一日
独山至荔波	旱道（土路小道）	马驮	三日
独山至麻尾、下司等	桂黔公路	汽车	一日

资料来源：陈建棠等《贵州之川盐贸易业》，中国经济统计研究所，1939年

表6 永岸运输路线、方式及日程一览表

起讫	路线	运输方式	日程
叙永至毕节	旱道	背负	夏季十天，冬季十五天
毕节至水城	旱道	背负	七天
毕节至威宁	旱道	背负	一天
水城至盘县	旱道	马驮	五天
叙永至瓢儿井	旱道	背负	夏季十天，冬季十五天
瓢儿井至大定	旱道	马驮	一日半
瓢儿井至织金	旱道	马驮	四日
瓢儿井至安顺	旱道	马驮	六日
瓢儿井至普安	旱道	马驮	五日
瓢儿井至兔场	旱道	背负	七日
瓢儿井至鸡场（坪）	旱道	马驮	二日半

续表

起讫	路线	运输方式	日程
鸡场至羊场	旱道	背负	三日
安顺至镇宁	旱道	马驮	一日
安顺至兴义	旱道	马驮	六日

资料来源：陈建棠等《贵州之川盐贸易业》

表7 綦岸运输路线、方式及日程一览表

起讫	路线	运输方式	日程
江津至盖石硐	长江、綦江	木船	八日
盖石硐至羊蹄硐	东溪河	小木船	一日
羊蹄硐至松坎	松坎河	小木船	四日
松坎至遵义	川黔公路	人背、马驮、汽车	挑五天，人背、马驮九天，汽车一天
遵义至贵阳	川黔公路	人背、马驮、车载、汽车	人背、马驮、车载五天，汽车一天
遵义到黄平	土路	人背	六日
遵义到瓮安	土路	人背	四日
遵义到团溪	土路	人背	二日

资料来源：陈建棠等《贵州之川盐贸易业》

表8 涪岸运输路线、方式及日程一览表

起讫	路线	运输方式	日程
龚滩至沿河	乌江	木船	不详
沿河至思南	乌江	木船	三日
思南至石阡	乌江	木船	三日
石阡至镇远	旱道	背负	二日
镇远至天柱	旱道	背负	三日

资料来源：陈建棠等《贵州之川盐贸易业》

以上路线是川盐入黔的主要运输路线，其内部还有复杂的陆路运输支线连接各场镇和村落，以将食盐运销至千家万户。另需特别指出的是，贵阳、遵义及紫云属于仁岸和綦岸的合销区域，安顺及黔西南地区属于仁岸和永岸的合销区域。而且，各岸销区随着交通方式和盐政的变化，略微存在一些调整和变化。各路段的行程日期，根据洪水、枯水和平水期及其四季变化情况也有所差别。

　　川黔古盐道的运输路线和范围非常明显地反映出："黔岸运道，自转江而后，尽溯逆流，益以水浅滩多，换船提载，或更时陆时水，其手续之繁，轮送之难，以至盐斤折耗之大，为黔岸盐运特殊困难情形也。"其实，这些运道不仅是食盐运输的大通道，同时还是粮食、药材、竹木、土特产等物资交流的通道。笔者调查发现，因为地理位置和交通因素，川盐入黔对遵义、毕节、铜仁地区的影响最为深远。这些地区遗存的盐运文化底蕴也最为深厚。而位于川盐入黔转运枢纽的泸州、綦江、江津、酉阳等地的盐运文化遗产也非常多样。

盐运碑刻

川黔古盐道沿线与盐运活动、道路修筑相关的碑刻，对了解和研究川黔古盐道的历史、分布及运盐规则等史籍未予记录的重大问题极具价值。我们考察发现，数量可观的明清及民国时期的碑刻至今还散见于沿线地区，是川盐运黔历史的重要见证。

立德永年碑

清道光二十五年（1845）立的金沙县"立德永年碑"记："因盐道之崎岖，乃由茅台而修至安底……不惜重金捐修盐道，由仁邑而至水西。"由此可得知当地修筑盐道的社会、交通地理背景及具体运盐路线等珍贵内容。这是川黔古盐道沿线地区明确刻有"盐道"及其具体修筑路线的石碑，有重大价值。其碑文如下：

古者川泽阻而修道路，道路阻而造桥梁。桥梁者，正以济道路也。故予因盐道之崎岖，乃由茅台而修至安底。睹溪涧之多阻，复随险泽而建设桥梁，然此本非求功也。不遇脚行方便耳，孰料功将告竣，忽来上宪之旌奖，故特志之，以见果报之不爽也。是叙。

善士 晏宗侨号飞鹏捐修

道光二十五年仲夏月 谷旦

鹊桥驾而牛女路通，蓝桥设而天台道达，知往来之必资于桥也。遵善士晏君号飞鹏不惜重金捐修盐道，由仁邑而至水西，已经府平旌奖，继建拱桥三座、平桥一座。槐至遵，奉府陈命勘睹，善功之浩大，因不辞鄙俚为之叙，以见积善之家必有余庆云。

遵义府委员 陆映槐拜题

道光二十五年仲夏月 建立

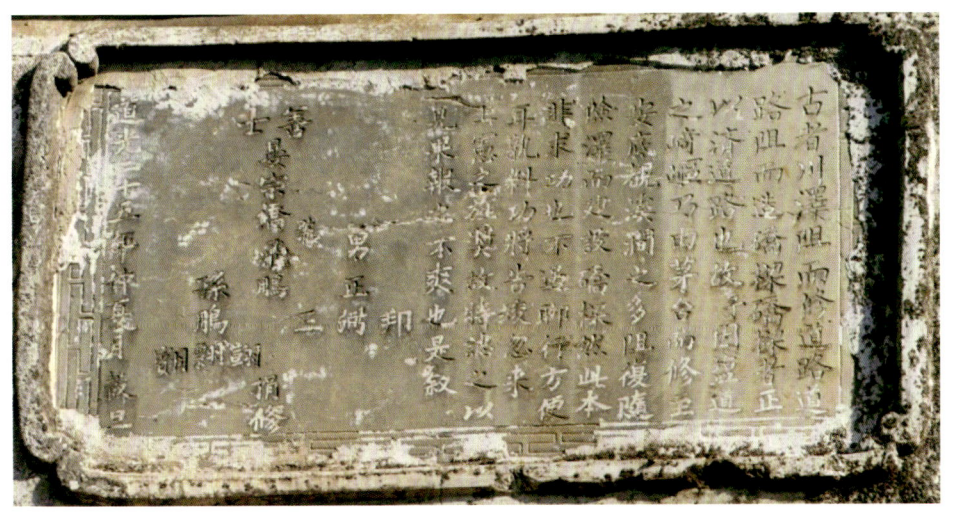

立德永年碑（金沙县文物管理局提供）

立德永年碑（金沙县文物管理局提供）

金沙渔塘河义渡石刻

渔塘河义渡石刻包括"川黔义渡"摩崖石刻和"渔塘河义渡碑"，位于金沙县西北60多千米处的清池镇边陲。以赤水河下游的渔塘河为界，北系四川省古蔺县，南为贵州省金沙县。界河处有前人为运盐而修筑的一个渡口，摩崖题为"川黔义渡"，泛称"渔塘河渡口"。此处是永、仁两岸川盐入黔的节点之一。"川黔义渡"摩崖石刻始凿于清咸丰年间。根据《渔塘河义渡碑》记载，为方便川黔两地人等往来，特开渔塘河渡口。现仍可见渡口被踩踏得溜滑的石头、岩壁上刻凿的小孔，还有近3平方米的摩崖石刻"川黔义渡"四个字。这里是永岸和仁岸川盐入黔的要地，也是茶马古道贵州段上的重要节点。渔塘河义渡碑原碑四通，青石质，包括"黔西州叙永府晓谕碑""设置义渡碑""酌拨逆产设立义渡碑""保护义渡碑"，其中一通已毁，今存三通。石碑对原渔塘河渡口的设立、开渡、财物来源等诸方面均作了详尽叙述，对研究川黔古盐道、茶马古道的形成和变迁有着重要价值。2013年，国务院将其列为第七批全国重点文物保护单位。

鱼塘河义渡碑群

鱼塘河义渡碑拓片

鱼塘河义渡碑序拓片

石场万年碑

石场万年碑位于金沙县石场苗族彝族乡新街村的火石丫，石碑刻于清乾隆四年（1739），就地刻凿于天然石壁上。镌面高0.6米，宽0.5米。上有直行阴刻楷书12行，177字。首2行为彝文，每行8字，文未译。后10行为汉文，每行字不等。其汉文载："石革闹缘属边隅川黔接壤，南来盐路所行，高山峻岭，崎岖狭窄，举步艰难。为民不食少味之餐排难，齐心修施，尽千辛万苦，终替庶民与行人解万千之患。"万年碑不仅清楚记载了当地人民合力修筑盐道之事，同时反映了当时民族地区汉、彝民族和谐相处及共同发展的历史信息。这是贵州境内明确提及"盐路"的少数碑刻之一。

天恩桥陞诏修河碑

明清时期，食盐运输已成为赤水河流域重要的经济支柱。清代中期，赤水河盐运航道缺乏养护，淤塞严重，丁宝桢遂在光绪年间对其进行了整治。从赤水元厚镇陞诏村出成庆门，沿穿风坳古盐道行4里许，有一座23米长、18米宽的石桥，曰"天恩桥"。天恩桥头立有清光绪六年（1880）所建的石牌坊，其文记载了丁宝桢主持的赤水河航道整治工程，以利川盐运黔。《遵义地区文物志》对此碑文的记录如下：

天恩桥劳绩碑

（光绪）初，张经略广泗请修赤水河未竟。戊寅（1878）夏，总办官运唐（炯），以运道维艰，详咨川督丁（宝桢）出奏，钦奉上谕，准其发帑疏修。酌派干员罗太守莘耜、张广文翰园、鲁大令寿庄、罗参军乐九，率同盐商绅团，就地分修，水陆并作。庚辰（1880）秋，大功成竣，毫无派取民间财力，诚盛事矣。

是役也，河山坦荡，舆梁统成。上裕国课，下通商贾。非丁、唐二宪诚通舟陞，弗克有此；且非有与事诸君洁己奉公，亦未易臻此。食其德者，不没其善。爰集《论》《孟》语，勒石颂之。亦见民□□□，不敢妄谮云尔。

时在光绪六年庚辰秋仲，黔蜀绅商士庶拜手谨志，以垂不朽。

天恩橋勞績碑

初，張經略廣泗請修赤水河未竟。戊寅夏，總辦官運唐以運道維艱詳咨川省下
奏，欽奉上諭准修。酌派千員羅太守肇粮張廣文翰圍骨大令圭莊羅粲
軍務。幸同□□就地分修水陸并作。庚辰秋大功成該亹無派取民間財力。
越盛軍糈走役之河山迎蕩興梁統成上裕國課，下通商賈誠非丁唐二竇試通其盟
非有社其非有輿軍諸君瀠己卷公允未易臻此食其德也不次其盟美集論孟
□□□頌之永見民無饑石以長譽云朞……

□千秦辰秋仲毀哥神而士廣枅于謹建

（碑題右上）天恩橋勞績碑

天恩桥牌坊

整理赤水河航道碑

　　整理赤水河航道碑位于赤水城区外夹子口贮木场内，碑高2.7米，宽1.48米，厚0.4米。碑文记载了抗日战争时期，国民政府为改善川盐入黔的运输条件，委托迁入西南地区的导淮委员会对赤水河航道进行大规模治理的经过及成效。此次赤水河航道整治工程进行了三年半的时间，导淮委员会对100千米河段上的十几个滩险做了不同程度的治理。这是清末以后对赤水河航道进行的最大规模的整治，《整理赤水河航道碑记》记载了对赤水河航道以炸险去滩为主，以修辟纤道及丁坝、顺坝、潜坝等为辅的治理措施。以下为碑文内容：

整理赤水河航道碑记

　　民国二十六年夏，本会导治淮河之第八年，倭寇侵华，变起芦沟桥。旋以淞沪之役，蔓延于各省，寇氛日炽，淮域沦胥。本会奉令西迁，奉命整理西南各省水道，籍谋军工物资转输之畅通，已在川黔两省举办綦江、乌江导治之工，略著成效。民国三十年，中央以赤水河为川盐运黔要道，惟险滩栉比，航运困难，又授命本会治理。因本黄河水利委员会之勘测成果，规定整理计划。即于是年十二月成立赤水河水道工程局，设局于合江九支乡，派吴溢为局长以董其事。为实施工程顺利起见，先后在复兴场、猿猴镇、罐子口分设三工务所，负责推进应举之工。另在合江设置办事处，司转运物料器材之责。三十一年春，赤复段首先开工，是年冬，各段进展至猿猴镇；三十二年冬，猿土段、马茅段；三十三年冬，

整理赤水河航道碑（赤水复兴江西会馆复制陈列）

土郎段均依次兴工。各该段之施工方法，概以炸险去浅为主，修辟纤道及丁坝、顺坝、潜坝之治导工事为辅，期能迅速奏效，以配合战时运输之需要。三十四年秋八月，抗战胜利，本会奉令复员，决将赤水河整理工程暂作结束。惟赤水河素不通航之重大滩险大猿猴滩，已经凿通。其次如赤猿段大小丙滩、鸭岭三滩、葫芦老滩、大石梅滩，猿土段之黄泥滩、燕滩、落妹老滩，土郎段之滚滩，马茅段之马岩滩、陶公滩、蚂蝗沟滩等，均为著名险恶之滩，亦经加工整理，化险为夷。综上各项险滩，或者全部廓清，或者局部改善。计全河整理工程，除险十之八，去险十之七，缩短全河航行时间三分之一。在此三余年来财力物力万分困难之际，而有今日初步之成就者，皆在事员工恪奉厥职之成果，暨地方人士之协助。顾以赤水全河，源远流长，向以浅险著称。既经整治通航，匪为有助于地方经济文化之发展，亦可以水利之修明而能益宏其用。今之所举，亦仅于改善航道，略肇诸端。后之来者，必有光大斯业而竟吾人未竟之志者。爰于整治赤水河告一段落时，述其概要，并勒石以志之。

中华民国三十四年秋九月
导淮委员会副委员长沈百先　立

吴公浚河记碑

吴公浚河记碑位于仁怀市沙滩乡境内吴公岩。吴公岩系赤水河流域的最大滩险，原名蜈蚣岩（又名蚊虫岩、文公岩），为纪念清乾隆年间带领乡民疏导修浚赤水河的民间义士吴登举而更名为吴公岩。明清及民国时期，政府和盐商因川盐运输的需要，曾多次对其加以整治。吴公岩滩山势雄奇险峻，怪石突兀狰狞，激流奔腾，旋涡不断，涛声如雷，被誉为"小三峡"。其南起马桑坪，北止两河口，全长约4公里。这里两岸山势陡峻，河中水流湍急，险滩接连不断，号称"十里长滩"，曾是川盐入黔仁岸段最险的河段。现吴公浚河记石碑由仁怀市旅游局2000年立，碑记：

赤水河上通滇壤，下接蜀疆，奔腾于大娄山脉之间，惊涛汹涌，舟楫难行，川货不通，京铅贵重。清乾隆八年（1743），贵州总督张广泗欲开赤水河道，以资运务，在民间举贤征工，两河口渡夫吴登举毛遂自荐，具结呈文，乃将全家十八人刺指滴血担保，果得应允承修文公岩十里长滩河段。于次年初动工，约募乡民，历尽艰辛，风餐露宿，劳苦四载，其工告成，舟楫通行，铅铜输运，米盐挽贩，商贾往来，百姓获利。张广泗大悦，愿以官封，登举推辞，不食俸禄，泗乃题忠耿过人四字相赠，赐文公

吴公浚河记碑

岩渡口由举收费以赏其劳。此河段后因岩石崩塌阻塞，船工难行，累次培修未果，登举愤急致死。为志其功，遂将文公岩易名为吴公岩。是为记。

同时，此碑旁还刻有清代郑珍所作的《吴公岭》摩崖石刻。

《吴公岭》摩崖石刻

龚滩永定成规、永定章程碑

永定成规碑

龚滩是涪岸盐运通道上的重镇，留存了明清时期的"永定成规""永定章程""永遵陈规""同善结缘"等一系列反映地方盐业转运和规章制度的石碑。"永定成规碑"位于龚滩镇新华社区，是清光绪年间为规范当时脚夫、力夫、夫头的力钱分配所立。碑坐东向西，碑高1.63米，宽0.83米，厚0.13米，剥蚀较为严重，但仍能辨认部分字，意思较为完整。碑文内容表明龚滩镇是川盐入黔的重要中转站，所转运之盐称"客盐"，其大意包含：制定当时龚滩码头上船下船的搬运力价；指定由何恒、郑

永定成规碑局部

永定章程碑拓片

昌信、王兴元、郑昌寿负责监督执行碑刻之规定；每包盐上载船舱的运费为5文钱，从船上卸运并抬至盐仓则每包加6文；还规定所有脚夫须由盐号验保并登记造册，以防止成规紊乱。因龚滩川盐转运业辐射整个乌江流域及部分湘鄂销区，该碑具有很重要的历史价值。2009年，重庆市人民政府将此碑列为重庆市文物保护单位。

"永定章程碑"立于清道光五年（1825），现存于龚滩川主庙内，碑记云"查岩庐（岸）石该地历来盐船搬滩贮之所……边计盐包行抵龚滩，向在河坝堆贮转运。"这些碑记是龚滩古镇川盐转运兴盛的重要实物证据，对乌江流域食盐运输、商品贸易和航运史的研究具有重大意义。

济江亭盐运碑刻

思南县城济江亭旁所立的道光年间碑刻载:"自前明年间川盐入黔,务要大船领运……小船不准与大船通私。"大小盐船之间不能互相掺杂,防止漏征盐税及私盐贩卖。遗憾的是,其碑文有部分剥落,不能识别其完整内容。

济江亭记载川盐运黔的清道光石碑

铜鼓殿筑路功德碑

清嘉庆二十四年（1819）立的綦江铜鼓殿《筑路功德碑》载，铜鼓殿乃黔蜀要道，上下通衢，每遇险雨，来往不无泥滑，周边几十户人便募集资金，对其进行培修。此道修成后，"上下崎岖皆坦荡，往来康莊恁奔驰"，极大地方便了川盐运黔和山货等物资的运输。

铜鼓殿筑路功德碑

大定坡盐碉石碑

大定坡盐碉遗址位于金沙县城关镇大定村半坡上，修建于1918年。其石碑文字记载，该盐碉由协兴隆、永隆裕、义盛隆、永发祥、荣顺通、永盛隆、大昌荣七大盐号捐修。此处曾是打鼓新场盐防军驻守的据点，原碉楼共3层，现仅存东、北两面各4米高的残垣。1936年2月，红二、六军团第十七师师长吴正卿率部分红军攻打盐碉，在战斗中不幸牺牲。大定坡盐碉遗址是目前发现的川黔古

大定坡盐碉石刻

盐道沿线唯一留存的盐碉遗址,现为金沙县文物保护单位。其碑文所记的七大盐号对研究金沙县及仁岸清末民国时期的盐运商号有重大价值。

大定坡盐碉遗址

此外，合江与习水交界的红牵子山上立有清嘉庆十五年(1810)的同结善缘功德碑，反映了乡绅、马帮和民众整修当地盐道之事，碑文载"周王有千丰之地，夏禹有百世知应"，而"我川黔运盐古道的修建，有我背盐人和乡绅功德而永垂"。可见，嘉庆时已有"川黔运盐古道"之说。另外，川黔古盐道沿线还存有江津区嘉平镇大垭场的盐帮财神会碑、綦江盗盐反省碑、合江福宝镇禹王庙碑刻群等。遗憾的是，部分碑刻风化剥落严重，碑记内容已很难完整辨认。

大垭场刻有"盐帮财神会"字样的残碑

并且，川黔古盐道沿线的一些地方志还收录了川盐运黔历史活动的碑记或重要记事。民国《续遵义府志》卷五"山川"收录的《赤虺河开滩记》载：

赤虺河（赤水河）发源云南镇雄州，自万山中一线溪流由毕节经行黔西仁怀以达川江中。自天鼓岩至鸡心滩，共六十八滩。总督张公因滇黔铜铅每岁由陆路转输运艰费巨，又黔不产盐，率从川负运至猿猴转贩，议将河道开通，俱由水运，上既节省国帑，下亦利济民生。具疏入告，经部议准，随即勘估，具题动款三万八千六百四十二两零。天鼓岩至新滩二十七滩，委大定府知府王允浩分办。盐井滩至鸡心滩四十一滩，委遵义府知府陈玉璧分办。于乾隆十年十月初一日兴工，至十一年闰三月初一日工竣。……自乾隆十一年至十四年三月，运铅三百四十七万斤，每百斤节省银二钱一厘四毫，计省银六千九百八十八两零，盐价亦渐平。详请增引者多河中客船，名曰舲船，约一百余艘，每艘可载铅一千余斤，自鱼塘顺流至新龙滩，水脚银四两二钱二分。自二郎滩顺水至猿猴，每千斤水价银四钱。若载盐每艘可载九千六百斤，自猿猴上至新龙滩，每包脚银二钱。新龙滩上至茅台村，每包脚银三钱五分。

上述碑刻资料从不同侧面反映了川盐运黔的历史，是不可多得的珍贵实物，与历史文献、口述史等结合，可有力地说明川盐入黔的线路、修筑盐道的背景与过程及其转运规则等，其价值和意义非常重大。

盐运古道与关隘

调查发现，川黔古盐道陆路沿线有清池镇鱼塘河古盐道、綦江铜鼓殿古道及鹿转垭古道、遵义桐梓楚米镇蒙山古道、金沙县五里坡古盐道、毕节七星关段古盐道、叙永雪山关段古盐道、纳溪乐道古盐道、遵义麻窝盐道及鸭溪水淋岩古盐道、丙安穿风坳古盐道及古纤道遗址等遗存，同时沿线还有雪山关、武定门、七星关等代表性关隘遗存。

五里坡古盐道

金沙，原名打鼓新场，1941年置县。清代以来，打鼓新场因地处川黔边界及川盐运输交通要道，来往客商众多，物资云集，成为黔北农村四大重要集镇之一，旧时有"一打鼓、二永兴、三茅台、四鸭溪"之说。五里坡古盐道位于金沙

五里坡古盐道

五里坡古盐道　　　　　　　　　　　五里坡古盐道上的马蹄印

县城西部的城郊区域，仁怀、茅台方向运来的川盐经此盐道运至金沙县城。古盐道由石板构成，现存约2千米长，宽度2至4米不等，沿山势拾级而上，有清晰可见的马蹄印、打杵印痕迹，是迄今保存得非常完整的古盐道遗址。据说民国时期该段古道旁曾立有牌坊群，现已毁。

鱼塘河古盐道

鱼塘河古盐道位于金沙县西北50余千米的清池镇边界，以赤水河下游鱼塘河为界，北系四川古蔺县，南为贵州金沙县。叙永、古蔺方向运来的食盐，在鱼塘河渡口起岸后，经此古道过清池、石场、平坝，抵达打鼓新场（金沙县城），为川盐运至金沙、黔西和贵州茶叶销往四川的交通要道。古道以毛石砌筑，清乾隆年间曾进行扩宽维修，宽约1米，俗称"三尺古盐道"。随着古盐道的拓宽，盐道上客商、马帮、挑夫往来不断，川黔边境的盐、茶交易亦更加兴旺。同治九年（1870）修建鱼塘河渡口，供客商摆渡于川黔地区。古道旁立有清同治年间的鱼塘河义渡碑群。

鱼塘河古盐道

雪山关古盐道

　　雪山关古盐道位于叙永县赤水镇，是明代以来叙永至毕节、瓢儿井、贞丰等地的重要节点。叙永县城出东门，经鱼凫、落窝、普市、摩尼、雪山关、赤水河达毕节，全长约165千米。叙永县城至雪山关分路后，经大屋基、普尼可达瓢儿井，全长约145千米。由雪山关经普尼、兔场、郎岱厅可抵贞丰州，全长约450千米。明清时，雪山关的物资运输已非常繁盛，运盐人和马帮多在雪山关脚下歇息后，再结群而行，沿此依山而上的古道翻越雪山关后便入黔境。现今，该段古道遗存约1千米长，由石板砌成，宽度1.5至2米不等，留存了诸多马蹄印和打杵印。路边的饮水池供旧时路人和马帮饮用。该盐道保存较为完整，至今仍有马帮运输货物的人来往，村民还在行走和使用，是永岸食盐陆运的重要古道。

雪山关古盐道旁的神龛

雪山关古盐道

鸭溪水淋岩古盐道

鸭溪镇是川盐从仁怀茅台转运至刀靶水、遵义城的重要旱码头,旧时民间有"鸭溪缺盐、遵义无味"的说法,足见鸭溪及此段古盐道在区域性食盐运销系统中的重要地位。鸭溪旧名兴隆场,清代时已成为黔北商贸重镇,与黔北打鼓新场(今金沙县县城)、永兴场(今湄潭县永兴镇)、茅台(今仁怀市茅台镇)并称"四大名镇",是遵义西部的重要商品集散中心,也是黔西北的大集市,商业发达,人文荟萃。据专家考证,清代西南巨儒郑珍便成长于鸭溪。

2014年5月,笔者在鸭溪考察时发现许多村民还存有关于此段盐道的历史记忆。村民周业茹(时年68岁)讲述道:"我父亲在民国时从仁怀挑盐到鸭溪,盐是从自流井、贡井运来的。鸭溪在民国时至少有2个盐号,还有观音庙、川主庙、万寿宫、万天宫。运到鸭溪的盐,大部分转运到遵义,到遵义后有的盐又运去贵阳。"袁应才(时年69岁)回忆道:"民国时期鸭溪挑盐的报酬,大概是挑盐人挑一趟得到4斤盐巴作为报酬,帮别人做工一天得到2两盐或者是2升米,所以说盐巴贵得很。挑盐人一般是在茅台歇一晚,第二天天亮后才启程,晚上在途中住宿一晚,第三天才到鸭溪,到鸭溪主要是在宋家马店歇脚。"鸭溪水淋岩古盐道依山体保留了几百米长的石板路,宽度在0.8米至1米之间,是仁岸食盐陆运的重要实物。在该段古道沿途的一户农家里,我们还发现了民国时期用于捣碎巴盐的石舂。

鸭溪水淋岩古盐道

鸭溪高速路出入口旁的古盐道雕塑

七星关古盐道

　　七星关古盐道位于七星关区杨家湾镇七星村,是永岸食盐运输的重要陆运孔道,也是古代南丝绸之路的重要实物遗存。七星关因其险要的地理位置,不仅是古代西南军事、政治要冲,而且兼具古代交通、经济、文化等多种功能。七星关古道,是五尺道的重要组成部分,由于贯穿黔川滇接合处的西南夷境,又叫作西南夷道,后又称夜郎道,明清及民国时期因流通物资多为川盐,故又称为盐道。现存古盐道长约2千米,宽1.5至3米,保存基本完好。据传,七星关的得名源于三国时孔明在此祭奠七星,乞求上苍佑其早日平定南中以统一中原。1936年2月,红二、六军团在贺龙、萧克的率领下,在七星关与杨正荣、朱益斋等国民党地方武装进行殊死战斗,六军团政治部主任夏曦在此渡河牺牲,故此处建有夏曦纪念碑。

七星关古道

七星关古道摩崖石刻

七星关古道马蹄印

楚米蒙山古盐道

楚米蒙山古盐道是綦江经楚米到桐梓再至遵义的山间大道，是川盐通过綦江和松坎河运至松坎码头起岸后，经新栈到桐梓县城的重要孔道，由青石板铺成。其现存路段至少2千米长，宽度2至3米，保存完好，且留存了清晰的马蹄印，现已被纳入"桐梓川黔古驿道"路线范围，并被列为遵义市文物保护单位。在该段古道的山脚下，至今还遗存了驿站旧址。

蒙山古盐道

蒙山古盐道

铜鼓殿古盐道

　　铜鼓殿古盐道位于綦江郭扶镇山间，是赶水到郭扶的重要陆路节点，现遗存有约 2 千米长的石板路，宽度 1.5 至 2 米。清代石碑、石敢当（泰山大王神）、古水井、观音殿和土地菩萨庙密集地分布于该段盐道上。清嘉庆年间有关修建该古盐道的石碑记载，此段古道是川黔要道，"自铜鼓殿以至四轮碑乃黔蜀要道，上下通衢"。铜鼓殿观音殿山门的石雕异常精美，遗存的几通残碑见证了清代民国时期此段古道的繁华和热闹。

铜鼓殿古盐道

铜鼓殿古盐道旁的观音殿遗址

铜鼓殿古盐道上的"泰山大王神"石敢当

雪山关关隘

　　雪山关位于四川叙永县境内,距叙永县城约70千米,海拔1900余米,西临赤水河,为四川盆地南沿的高峰,因山顶年积雪时间长而得名,是古时由川入黔滇的重要关隘。关隘建于明洪武年间,为川黔古道及川滇古道上的名关。古时,杨慎、李骥元、张之洞等曾登临关隘,留下题咏。明代新都状元杨升庵因"议大礼"被杖贬至云南永昌卫,35年间往返川滇,曾屡经此关,并题下了"雪山关,雪风起;十二月,断行旅"等诗作。该关位于山顶双峰之间,垒石而成,东西寨门相去30余米。自有川盐入黔开始,即有人工运盐和马驮运盐。川盐从叙永运入贵州,至少有7条古路线,全长约2500千米。这条路线所经之处都是穷山恶水、羊肠小道,由叙永至毕节、瓢儿井,须越雪山关,渡赤水河。川黔边界上成千上万的穷苦农民为衣食所迫,世代充当运盐苦力,以求温饱。他们不分寒暑,负重百斤,终年回旋于悬岩绝壁之上,穿行于风霜雨雪之中,如蜗牛走壁,三步一拄,络绎于途。雪山关段石板路上还留有密如蜂巢的拐耙挂下的石窝,这是运盐工人艰苦劳动历史的见证。关寨中原有云峰寺与寨门相接。北寨门上有对联一副,联云:"孤城万仞山,羌笛春风吹不度;八月即飞雪,玉门秋色拟平分。"联语将

雪山关

雪山关寨门

雪山关与玉门关相提并论,是因为一出雪山关,便入云贵高原崇山峻岭之中,豺虎行藏,匪盗出没,危险重重。这种状况一直延续到了解放前夕。1916年1月,为反对袁世凯倒行逆施,恢复帝制,蔡锷率讨袁护国军行至雪山关时与朱德合撰关口南门对联,联云:"是南来第一雄关,只有天在上头,许壮士生还,将军夜渡。作西蜀千年屏障,会当秋登绝顶,看滇池月小,黔岭云低。"

武定门关隘

武定门是旧时川盐入黔从泸州至习水段上的重要关隘,位于合江县福宝镇互爱村红牵子山顶。红牵子地势高险,处地海拔约1450米,是四川与贵州的分界点,扼川黔两省运输咽喉,为运盐和山货的必经之地。有清一代,马帮、肩运络

武定门(何开明提供)

绎不绝,附近一饭店曾每日卖米数十斤,生意十分兴隆。出关沿陡坡南行30里,即到贵州习水县。此处最早为木寨,清咸丰四年(1854)改建为石寨。现存石墙高近4米,宽约2米,厚约4至5米。门额上有太板图,图上方有碑,刻"武定门"三字。武定门以丹岩条石砌筑,双拱结构形制,四川、贵州各占一拱,由官兵把守,既是省际边防关隘,也是盐道课税关卡。在贵州方向主要由官府收取四川运去的食盐税,而在四川方向则收取贵州外销的土特产税。

武定门（何开明提供）

七星关关隘

　　七星关为贵州三大名关之一，与胜境关、娄山关齐名，位于毕节杨家湾镇，距毕节市区45千米左右，历来为黔西北重要关隘。七星关是川黔古盐道永岸段的重要关口，川盐经叙永运至毕节县后再转运至七星关分路：一路经七星关至七家湾再达威宁；一路经七星关至挪呼、八家寨再到新城等地；还有一路经七星关到达黑童、马姑河等地。其实，自古以来七星关就是川、滇、黔三省间的交通要道。古代，商旅从毕节经乌撒（今威宁）至云南大多经七星关。明洪武十五年(1382)，征南将军傅友德"得七星关以通毕节"，其后在此建关，驻重兵把守。关口刻有"黔服雄关"和"汉诸葛武侯祀七星处"等摩崖。永乐十四年(1416)，七星关修起一座应星桥，建桥摩崖碑记迄今犹存。关隘上现存文物主要有应星桥记摩崖、七星关桥和夏曦烈士纪念碑等。1985年，七星关摩崖成为贵州省文物保护单位。2013年，七星关古驿道和七星关摩崖成为全国重点文物保护单位茶马古道贵州毕节段的组成部分。

七星关及其古道

七星关

盐号、盐仓与盐店旧址

考察发现,川黔古盐道沿线遗存有思南周和顺盐号、元厚穿心店盐号、太平古镇盐号、仁怀马桑坪华家盐号、习水土城盐号、金沙罗马街盐号、黔西大关盐号、六枝岩脚镇永昌盐号、正安宝兴隆盐号旧址等,反映出历史上众多盐号经营川盐运销贵州的商贸活动,具有重要的历史文化价值和遗产价值。

土城盐号旧址

土城盐号系赤水河流域食盐运输和贩卖的重要商号,盐号旧址建于清晚期。

土城盐号旧址

清末至民国时期，土城盐号又称为仁岸川盐办公室委托大业公司办事处，主要经营者是陕西人，鼎盛时曾多达十几家，比较有实力的盐号有得千玉、德华龙等。盐号设经理、主任、掌柜、师爷、会计、出纳等各种职位。土城盐号雇有民工，尤其是盐的装卸多临时雇佣土城的老百姓。盐号各分站与总站设有盐防军，以保证盐运和盐款押送的安全。其建筑占地面积 840 平方米，坐南朝北，八字门，天井内有防火池。四周为盐仓，分甲、乙、丙、丁 4 个盐仓。甲仓、丙仓的仓牌现仍悬挂于仓门之上，盐仓中还保存有称盐的秤架、秤砣、交易柜台等。今从该建筑的规模和格局仍可窥见当时的鼎盛景象。2006 年，土城盐号旧址被国务院列为全国重点文物保护单位，现为赤水河盐运文化博物馆馆址。

土城盐号正门

土城盐号盐仓

土城盐号被食盐侵蚀和风化后的石墙

土城盐号内清代民国时期称盐用的石砝码

盐号、盐仓与盐店旧址

土城盐号内的巴盐篾包

土城盐号柜房

周和顺盐号旧址

周和顺盐号旧址位于思南县城安化社区,建于清道光年间,系砖、木、石四合院式古建筑,占地面积约1500平方米,建筑面积约600平方米,当地人称之为"周家盐号"。这里曾是周家用于食盐贩运、销售以及日常居家的大型宅院。该建筑紧靠乌江,坐西向东,由盐仓、正房、对厅、两厢、厨房、天井、花园及四周封火墙等构成一个古典的封闭式四合院,共有大小居室30多间。盐仓有3个,其中大、小盐仓和侧盐仓各1个。该建筑对研究乌江流域的盐运历史文化和思南古建筑有很大的价值。

据现居住在周家盐号的周家后人周业洪老人介绍,周家先祖周镐璜原籍在酉阳龚滩四方井,生于19世纪30年代。因其父母早逝,家境艰难,10多岁时,他便从龚滩来到思南,投靠亲友,做起食盐批发生意,后来逐渐做大。食盐存放忌潮湿环境,故盐号建筑的修建很有讲究。房屋建在高于地面的平台上,以防潮。思南乌江岸上的卢家码头有石台阶可直达周家盐号,力夫沿此石街将川盐搬运至盐号存放和销售。民国初期,周家盐号比较成规模,有专职的力夫、管账等人员。周家盐号内现存有两个称盐砝码,据周业洪讲,这分别是清代和民国时期政府发放的标准度量器。2006年,周和顺盐号旧址被国务院核定为第六批全国重点文物保护单位。

周和顺盐号鸟瞰

周和顺盐号内景

罗马街盐号旧址

罗马街盐号旧址位于金沙县城关镇罗马街，建于清代，占地约 2400 平方米。罗马街盐号原为打鼓新场（现金沙县城所在地）多家盐号之一，由南北厢房、马房、盐仓、厨房、龙门等组成。它不仅在古代入黔川盐的储存、转运和分销中发挥了积极作用，同时也是打鼓新场发展成为黔北四大商业重镇之一的历史见证。罗马街是一条青石铺成的繁华街道，以前大量贩卖马掌、鬃索。仁岸运销盐商初期在打鼓新场设置了永隆裕、永发祥、协兴隆、义盛隆等盐号。永隆裕、永发祥盐号建筑由华家修建，协兴隆盐号建筑由郭家修建，义盛隆盐号建筑由何家集资修建，后又增设大昌荣盐号等。由于开设的盐号不少，罗马街整天盐市交易忙个不停。这些食盐多由马帮驮运，因街面狭窄，人马众多，行走不通畅，所以此街被叫作骡马街，因同音，后又被简写为罗马街。罗马街盐号是金沙县规模最大的盐号，周围一共建了 4 个大盐仓。从该建筑宏大的体量、众多的房屋、精美的装饰上不难窥见昔日商贾结队往来于新场的繁荣景象。盐号内现存刻有"仁岸"字样的盐砝码。该建筑内现有几户居民居住。2011 年，罗马街盐号被金沙县人民政府列为金沙县文物保护单位。

罗马街盐号旧址

罗马街盐号存仁边岸石砝码

华家盐号旧址

华家盐号旧址位于古蔺县二郎镇隆滩村八组，处于二郎镇与马桑坪镇交界处，与仁怀马桑坪隔赤水河相望，据说由贵州盐商大族华联辉家族修建。华联辉（1833—1885）系遵义县人，同治元年（1862）迁到省城贵阳经营盐业。由于经营妥善，十来年间他便积累白银数万两。华联辉、华国英兄弟因与官府关系密切，获得了川盐运黔的大部分份额。华家在仁岸（茅台）和贵阳开设了永隆裕、永发祥两大盐号，还在永岸（叙永）开设了永昌公盐号，一跃而成为贵州垄断川盐销售的最大盐运商、黔省第一巨富。华家盐号下的铺面有数百家，布满大半个贵州，获利颇丰。该建筑由约8米高的条石砌成基座，建筑面积约400平方米，主体为木结构，内有盐仓和天井，房屋10余间，现有一家农户居住，因年久失修，保存状况堪忧。

华家盐号内的石砝码

华家盐号旧址

大关盐号旧址

　　大关盐号旧址位于黔西县大关镇中街，为晚清砖木结构的两进四合院，屋顶为硬山式，通面阔15米，进深20米，建筑面积约350平方米，系黔西县文物保护单位。大关原名滥泥沟，位于乌江中游鸭池河北岸，距黔西县城30千米，历来是黔西北的商业重镇，同时是清代民国时期川盐的区域性重要集散地。由于此处为黔西至贵阳的咽喉要道，陡峭的河坡上有大关和小关两个关隘，每天来往运盐的苦力络绎不绝，商业一度繁荣至极。川盐运至大关后再运到织金、清镇、安顺、马场坪等地销售。清光绪初年，大关镇关渡口开始变成织金、贵阳、安顺、兴义、修文等省内外运盐路线上的转运站，各大盐商纷纷在大关镇设盐号，主要有永发祥、永隆裕、义盛隆、协兴隆、云胜通、德顺昌、同义祥等盐号。1936年，红军曾在此开仓放盐，分发给附近乡民。

黔西大关盐号旧址（郑远文提供）

龚滩半边仓盐仓旧址

半边仓，也叫盐巴仓库，位于酉阳龚滩镇新华社区，始建于清道光年间，至今有100多年的历史。该建筑坐北朝南，木结构，穿斗式梁架，5柱3穿，面阔两间7.1米，进深4间17米，两层，通高8.6米，单檐悬山式屋顶。建筑面积约120平方米，形式简洁，有宽敞的大门和方便拆卸的横向木板，有两个入口形成环路。半边仓是龚滩现存唯一的一处老盐仓，具有很高的历史和艺术价值，2009年被重庆市人民政府公布为重庆市文物保护单位。

半边仓

半边仓一侧

松坎盐仓旧址

　　松坎是綦江河道转运川盐至松坎河的最后一个水运码头,是綦岸川盐水陆转运的重要集散地。綦岸川盐水运至松坎后在此起岸,再转陆运至桐梓、绥阳、习水、遵义、瓮安、贵阳各地。2016年笔者在松坎考察时,曾听闻1924年生的胡少明老先生讲述:他祖籍在古蔺县二郎镇,10多岁时他就开始在二郎滩背盐到茅台,在22岁的时候来到了松坎。到松坎后,他将松坎码头起岸的巴盐用鸡公车推去遵义贩卖。松坎盐仓在民国时期被废弃,经改造后,现为一处民居。

松坎盐仓旧址

中山盐店头旧址

　　中山盐店头是因旧时商贩在此交易食盐而得名,现有铺面二十余间及过街凉亭、吊脚楼等。盐店头街位于中山古镇老街尽头,是古镇老街传统建筑中保存最为完整的连片川东特色民居,特别是其公共建筑部分——凉亭子,有"晴不漏光,雨不湿鞋"之誉。

中山古镇盐店头街

古场镇、古村落与古城

川盐长时间、大规模地跨区域运输至贵州，需要大量的挑夫、背夫、船工等从事川盐运输业，位于川黔古盐道节点上的场镇因川盐运输而逐渐繁荣和兴盛起来。至今，川黔古盐道沿线还保留了大量因盐运而兴盛的国家级、省（直辖市）级等各层级的历史文化名镇。其中，有代表性的古镇、古城和聚落有如下这些。

丙安古镇

丙安，古称丙滩场，是中国历史文化名镇，赤水河畔的千年古镇，旧时为相当繁荣的水运码头，是川南入黔古道上的重要场镇，也是赤水连接黔中各处的必

赤水河畔的丙安古镇

经之地。丙安古镇的发展和兴衰与赤水河的盐运史密不可分。赤水河仅在丙安古镇一带,就形成了小别滩、大别滩、挂钩子滩、扶木滩、弥陀滩、欢喜滩、新开滩、小丙滩、大丙滩、狗狮子滩等十大险滩。《增修仁怀厅志》载:"大丙滩悬流数丈,港路一线,盐船到此,必出载上滩。"由于丙滩极险,盐船运至此,必须卸载,或由人工搬运越过险滩复载,或在此改由陆路转运。于是,丙安便成为仁岸的重要盐埠码头。古镇流传有一首民谣:"好个大丙滩,凶险恶如狼;滩上黑风起,滩下靠盐船;招呼背子客,快把盐巴转。"这形象道出了丙安的滩险及旧时盐船、背夫运输食盐的繁忙景象。丙安既是赤水河中游与下游的分界地,又是过往商旅的食宿站,还是川盐水运转陆运的中转站。明清以来的数百年间,丙安凭借丙滩水路天险和穿

丙安码头与古镇民居

丙安古镇老街

风坳陆路咽喉,成为盐船云集、水陆分流、商贾汇聚、物资集散的重要码头和商埠。古镇内,食盐、竹木、茶叶、毛皮、药材等物资交易频繁。旧时的丙滩场,如时人所言,"满眼盐船争泊岸,收点百货夕阳中",好一派繁荣兴盛的景象。1935年1月,红军四渡赤水时,红一军团第二师和师团部曾在丙安扎营,保证红军顺利渡过赤水河,并取得战略性胜利。现今,丙安古镇遗存有古盐运码头、古寨门、双龙桥、纤道、古街道、传统民居等,被专家学者誉为"明清建筑与历史的活化石"。

丙安古镇老城门

丙安古镇古道

丙安古镇吊桥

土城古镇

土城古镇位于习水县的赤水河东岸，水陆交通便利，系川盐入黔的重要码头和集散地，是赤水河上四大码头之一，为黔中腹地西出川南的交通要道。与丙安、茅台古镇不同的是，赤水河土城古镇段水流相对平缓，水域开阔，是条件良好的船舶停靠和物资转运码头。土城位居要塞，自古就是赤水河流域的经济中心之一，数百年来一直是赤水河上川盐入黔的重要码头和重要商埠。川盐及许多货物水运到这里后，再经陆路转运到贵州北部地区，久而久之这里就形成了居住群，继而发展成为功能齐全的集镇。这里曾有过木船云集、盐担蔽街、人流如织、夜市灯火通明的繁荣景象。土城的兴衰与盐业运销紧密地联系在一起，由盐业而带来的航运经济是古镇繁荣发展的重要动力。至今，土城还保留了与盐运活动相关的盐码头、盐号旧址、船帮会馆、庙宇等。如今的古镇上有赤水河盐运文化陈列馆、赤水河航运历史展览馆、宋窖博物馆、四渡赤水博物馆、中国女红军纪念馆等。现存的石板路、保存完好的盐号和船帮旧址等都是盐运史的见证。1935年1月，红军长征经过土城，并在

土城老街

此开始了四渡赤水的第一渡。土城古镇的航运文化、盐运文化、商埠文化、长征文化等交相辉映,使土城古镇成为赤水河畔一座著名的中国历史文化名镇。

土城盐码头旧址

土城红军总参谋部驻地旧址

土城四渡赤水纪念馆

太平古镇

太平古镇距古蔺县城35千米,地处古蔺河与赤水河汇合处,是仁岸川盐水运入黔必经之地,是自贡和乐山井盐运销赤水河流域的重要水路转运码头。古镇依山傍水,街道呈阶梯状,是川黔商旅集散之地,素有"小山城"之称。太平古镇的老街道由数百级石梯由上而下延伸至河边,店铺小摊分列两旁,楼台木屋大多建于晚清民国时期。众多盐商在晚清民国时涌入太平古镇设盐号运销川盐。20世纪二三十年代,

太平古镇街道及民居

太平古镇已经成为川黔滇地区极富盛名的商贸枢纽。而且,太平古镇还是红军四渡赤水的主要渡口之一,红军曾在古镇上驻扎。古镇上留存了荣盛通盐号旧址、江西会馆、太平渡渡口和几百米长的石板古街等,建有长征四渡赤水陈列馆,是川南地区保存较集中且较完好的历史文化名镇。

太平古镇传统民居建筑群

太平古镇荣盛通盐号旧址

太平古镇江西会馆

太平渡口旧址

茅台古镇

茅台为仁怀市下辖镇，位于赤水河畔，是川黔水陆交通的咽喉要地，是赤水河川盐上运贵州的最后一个大规模水运码头。据柴中《关于茅台酒"起源蒟酱说"的质疑》的研究，关于"茅台"二字最早的记录是《安氏族谱》，其意为：元朝末年，这里只有仡佬族先民用来祭祀祖宗的一片台地，长满郁郁葱葱的茅草，故人们又改称茅草村为茅草台村，简称茅台村，并一直沿用了下来。

茅台在历史上的兴盛主要得益于赤水河的盐运活动。"蜀盐走贵州，秦商聚茅台。"这是清代诗人郑珍《吴公岩》诗中的描绘，也是过去贵州盐运活动的一个侧面写照。民国《续遵义府志》记载：茅台村为蜀盐登陆处，盐艘至此改为陆运。乾隆十年（1745），经张广泗开修赤水河，盐艘乃达茅台矣。可确定的是，正是从乾隆十年起，茅台村才逐渐由穷乡僻壤逐渐演变为繁荣商镇。1935年，中国工农红军在茅台四渡赤水。现今，茅台已发展成为中国酱酒圣地，集盐运文化、酱酒文化和长征文化于一体，被誉为"中国第一酒镇"。茅台可以说是因盐而兴、因酒而盛的特色古镇。茅台古镇现已打造出一批盐运文化景观，向人们讲述茅台的兴盛史及其与川盐运输业之间的紧密关系。

茅台"仁岸"迎宾亭

茅台"太和号"坊

茅台街景

茅台运盐人雕塑

茅台背盐人雕塑

二郎古镇

古蔺县二郎古镇地处赤水河二郎滩畔，与贵州名酒产地习酒镇隔赤水河相望，且位于太平古镇和茅台镇之间，是赤水河航道上重要的食盐水陆转运码头。作为繁忙的川盐集散地，清代民国时期，二郎镇兴旺时有德谦裕、德华隆、德祥盛、德祥裕、天益号、丰盛号等盐号。同时，二郎是红军四渡赤水的重要渡口之一，红军留驻二郎期间，曾开盐仓分盐给当地百姓。古镇依山傍水，从赤水河南岸依陡坡而建，街长千余米，由青石板铺成，以狭长、坡陡、梯多为特色。古镇上保存了成片的清代民国建筑群、德谦裕盐号旧址及古驿道遗址。二郎驿道在2013年被国务院批准为全国重点文物保护单位茶马古道的组成部分。

二郎德谦裕盐号大门

二郎德谦裕盐号鸟瞰

二郎古道

大同古镇

大同原名蛮子峒场,清末改名为大同场,并沿用至今。大同古镇位于赤水河支流大同河畔,距赤水市区约6千米,曾是川黔水路货运枢纽和川盐运黔码头,亦被誉为"石头写成的历史"。大同码头亦被誉为"中国保护最完好的古码头之一"。大同码头距街口约30米,宽约4.5米,临水的几级石梯为半圆形平台,半径约12米。码头

大同码头

左侧的巨石上凿有石鼻眼、石桩，供拴船用。据古镇上的老人们讲，清代民国时期，自贡、乐山运来的食盐，经大同码头搬到大同镇上，再分运至周边。古镇人文古迹众多，现存的传统建筑始建于明末清初，比较有代表性的有陈贡珊碑、廖公义渡碑、万寿宫、禹王宫、坎离宫、观音殿及殿内的九龙牌等。坎离宫又叫王爷庙，祭祀镇江王爷，是船工和盐商聚会的地方。其门前的对联为"庙宇凌空，观殿内诸神威灵亘古；坎离合撰，看河西一带福寿堆山"。古镇老街保存有平滑锃亮的石板，街道弯曲起伏、宽窄不一、错落有致、纵横穿插、回环通畅。因受现代旅游开发和经济建设的影响相对较小，古镇较好地呈现了"原生"面貌，传统建筑和世居人民的生活方式得以较好地保护和传承。

大同古街

龚滩古镇

龚滩系重庆市历史文化名镇，是乌江盐运水路重镇及川盐、山货、土特产及百货的水上转运站、货物集散中心，是涪岸川盐运输黔东北地区的重要集散地，亦是渝黔湘鄂交往的重镇。其地处酉阳县、彭水县和贵州省沿河县的接合处，乌江、阿蓬江的交汇处，水陆交通便利，自古以来便是川、黔、湘、鄂客货中转站，素有"钱龚滩"之美誉。龚滩乃乌江上的著名险滩，明代赵瓒著《贵州图经》："龚滩，波涛汹涌，声震如雷，长10余里，舟至皆搬其货上，凭空舟上下。"明代诗人冉大育有《龚滩》诗云："裂石轰雷水势雄，浪花千丈戚晴空。轻舟未敢沿流去，人鬼鱼龙一瞥中。"乌江龚滩段滩险，常有船毁人亡的事故发生。明清及民国时期，龚滩段航道得到了多次整治。因乌江进出贵州的货物大都在此转滩，故龚滩

龚滩古镇原址（龚滩景区管理委员会提供）

发展成乌江流域的货物转运重镇,其居民大多以搬运货物为生。古镇上有背夫路、纤夫路、老盐路。在这长约2千米的狭窄地带,竟聚集了数百商贾、船工和背夫,可谓百业俱旺,盛极一时。这里的土家族吊脚楼,悬空托起,气势恢宏,被人们誉为"绝壁上的音符"。此地古建筑如艺术群雕,堪称古建筑史上的珍品。纤夫文化、码头文化、盐商文化、宗教文化是龚滩古镇千年历史的见证。镇上还有几位民国时期运输川盐的老盐工健在。古镇上的半边仓(盐仓)、西秦会馆、川主庙、老盐路、武庙正殿、冉家院子、董家院子、永定成规碑、周家院子等留存至今。土家族、苗族的民间习俗、民间戏曲、歌舞和手工艺在古镇上得以传承。著名国画大师吴冠中先生赞誉龚滩古镇"是唐街,是宋城,是爷爷奶奶的家"。因乌江彭水水电站的修建,龚滩古镇整体搬迁至上游地区约2千米处重建,2009年复建后的龚滩古镇再次向世人开放。

迁建后的龚滩古镇

龚滩古镇老盐路

龚滩歪尾船

白沙古镇

长江边的白沙古镇为中国历史文化名镇及重庆市首批历史文化名镇之一,素有"川东文化重镇"之盛誉,位于江津区西部,距城区约45千米。抗日战争时期,白沙作为陪都重庆的后方,成为陪都三大文化区之一。白沙码头位于白沙镇长江南岸,由正码头和朝天嘴码头构成。据白沙木船社张俊

白沙盐仓旧址(江津区文物管理所提供)

长江边的白沙古镇(江津区文物管理所提供)

白沙张飞庙(程龙刚提供)

白沙花盐库称校准砝码（江津区文物管理所提供）

才等3位老人回忆，民国时期的白沙码头是江津地区食盐等物资转运的大码头之一，最多时可停泊上百船只，水运物资为粮食、煤炭、猪鬃、盐巴、小商品等。另外，贵州马帮把贵州山区的药材、皮革、山货通过四面山、中山、李市等陆路，在白沙的"贵州山"集中售卖后，从朝天嘴码头购买盐巴、小商品返程。中华人民共和国成立前，由于物价飞涨，甚至出现了贵州山货与盐巴"以物换物"的现象。贵州马帮翻山越岭到白沙进行商品交易，使得白沙码头"川盐入黔"水转陆的功能极为重要。目前，白沙传统民居、老盐仓及张飞庙等尚存。

白沙正码头（江津区文物管理所提供）

中山古镇

中山古镇位于重庆市江津区南部的笋溪河畔，北距江津城区56千米，2005年被国务院列为中国历史文化名镇。中山古镇历来是商贸繁荣的水陆码头，其兴盛与盐业贸易及运输有着密切的关系。古镇地处云贵高原与四川盆地的交接处，深藏在崇山峻岭之中，古盐道的贯通使得中山古镇以盐店为中心，依地形逐渐发展起来。为方便运盐的骡马大队和挑夫，古镇上出现了客栈、酒肆等。如今，古镇较完好地保留了明清至民国的商业老街。其老街沿笋溪河而建，全长约1500米，主要有江家码头、观音阁、万寿宫、水巷子、一人巷、卷洞桥、月亮坝、盐店头等。街道以青石铺设，街面3至5米宽，建筑为穿斗式木结构，中为骑

中山古镇

中山古镇遗存的禁卖发水米碑

廊式过街亭建筑。整条老街保留了老茶馆、老酒馆、老药房及老槽房、剃头铺、打铁铺、针绣坊等传统作坊。盐店头街位于古镇老街的尽头,据说因盐帮帮主宦贤安在此经营盐业而得名,是中山古镇老街上保存最为完整的川东特色民居。

中山古镇吊脚楼

真武古场镇

真武场位于江津区支坪镇綦河畔，是巴蜀商船入黔和黔船入蜀的中转码头，亦是蜀盐等商品的集散地。2014年5月，笔者在真武场考察时，听当地老人们讲述，在清末民国时期，真武有七座山门，酒楼饭馆和客栈通宵达旦地营业。每当傍晚，这里帆灯点点，桅杆林立，码头上人来人往，非常繁华和热闹。良好的区位及商业的繁荣吸引了不少外地移民在此生根落户。据介绍，真武场原来有"三宫十八庙"。其中，带有移民会馆性质的就有万寿宫（江西会馆）、南华宫（广东会馆）、禹王宫（湖广会馆）、天上宫（福建会馆）和三元庙（陕西会馆）五座。目前，南华宫、万寿宫及天上宫基本保存完好，禹王宫仅存一角，其余均已毁坏。民国时期，真武场上贩卖盐和棉纱的马氏商人修建的马家洋房留存至今，其旁便是储存食盐的盐仓。古码头、移民会馆、盐商宅邸、盐仓、古道等集中遗存于真武古场镇，讲述着这里曾经辉煌的盐运历史。

真武场全景（江津区文物管理所提供）

真武马家洋房

真武南华宫

真武天上宫

真武盐仓旧址

真武万寿宫旧址

真武码头

东溪古镇

东溪古镇原名万寿场，地处綦江区南部，是中国历史文化名镇及重庆市首批历史文化名镇之一。古镇东面的綦河可上溯至黔境，川盐沿綦河运到东溪古镇后，上岸转陆路运至贵州习水等地。东溪作为綦江商贸大镇，新街旧巷上商号店铺林立，旅栈、马店、烟馆饭馆数量众多。青石板古道穿场而过，明清穿斗式结构的吊脚楼民居和上百棵老黄桷树形成"小桥、流水、人家"的清幽意境。古街道依岩靠水，因地就势而建，聚散错落有致。古镇因此素有"渝南第一山水古镇"的美誉。古镇现有保存较为完好的盐马古道、王爷庙、万天宫、南华宫、龙华寺、观音阁、麻乡约民信局旧址、古街道等，保存了太平桥、上平桥、永久桥、风雨廊桥等古桥，而且还留存了西汉时期的"南平辽碑"。

东溪古镇古盐道

东溪古镇老街

东溪古镇码头遗址　　　　　　东溪古镇麻乡约民信局旧址

东溪古镇南华宫木雕

中峰老街

　　中峰老街位于綦江区中峰镇，现存老街约 200 米长，街道两旁较完好地保留了明清及民国时期的建筑风貌。古街道路面宽约 3 至 5 米，呈"鱼背"状，现为綦江区文物保护单位。

中峰"鱼背"状老街

中峰老街及民居建筑

中峰老街山门

福宝古镇

福宝原名佛宝，距合江县城约 40 千米，是川黔渝交界处的传统商贸重镇，为中国历史文化名镇。古镇始建于元末明初，明末清初时已"积众数百家，可为巨镇"，成为大漕河流域政治、经济、文化交流中心。福宝是大漕溪水运的起点，附近的山货大量向福宝集中，福宝由此成为区域性水陆码头和物资集散地。明清及民国时期，福宝因大量贩运自贡井盐而盛极一时，成为川盐集散和转运的重镇。《乡土中国：福宝场》载，从江津白沙镇顺大漕河上溯至福宝又运到贵州去的物资主要是盐、酒、糖、布、铁农具及其本地产的蓝靛。其中自贡来的井盐是重中之重。从贵州运到福宝又转到江津白沙入长江的货物主要是桐油、土漆、药材、棕片等。从福宝有三条山路往南，过大娄山经遵义可以直下贵阳。过去这条路上马帮长年络绎不绝。回龙街是古镇上保存最完整的一条古街，在青石板铺成的街道两旁，回龙桥、清源宫、万寿宫、天后宫、五祖庙、土地庙、张爷庙、禹王宫、火神庙、王爷庙、观音庙、惜字亭等及集中成片传统民居依旧耸立，见证着古镇的历史和曾经的繁华。

福宝古镇

福宝老街

福宝老盐店旧址

福宝火神庙

福宝万寿宫戏楼

福宝税卡遗址

尧坝古镇

尧坝原名遥坝，位于合江县境内，自宋代以来便是川黔交通要道上的驿站，是古江阳到夜郎国的陆路交通要道，有"川黔走廊"之称。清中后期，以周其斌为首的周氏家族在尧坝经营销往黔北的盐业，周家因此赚足银两，有田产数千亩，富甲一方。清末以来，过往尧坝的大宗马帮货物多为盐巴，官盐和私盐均有。由于盐的销售利润高，尧坝在清末便有了盐帮组织，主要贩卖自贡等地的票盐和私盐。据古镇上的老人们讲，镇上在民国时期有盐店十几家，有个叫李三盐巴的人，

尧坝古镇牌坊

尧坝古镇古街道

尧坝古镇大鸿米店

尧坝古镇慈云寺（东岳庙）大门

仅贩了三五年的盐，手头就明显宽裕起来，当时在尧坝很有名。古镇现存青石板古街道、古民居群、东岳庙、大鸿米店、林家铺子、周公馆、王朝闻故居、凌子风故居、进士牌坊等，为川南著名的影视基地。尧坝古镇、尧坝古街已分别被评为中国历史文化名镇和中国历史文化名街。

尧坝周公馆

尧坝幺店子（客栈）

乐道古镇

乐道位于泸州纳溪区风吹岭脚下、永宁河东岸，处于永宁河的回水沱，水面相对平缓，系永宁河上重要的水路盐运码头。永宁河乐道段上接叙永，转赤水，下达纳溪、泸州。据清乾隆年间编修的《直隶泸州志》载，乐道在其时名为落道子，因系永宁河的重要码头及上下河床，当时政府在此设置救生船，救助过往盐船和其他商船。乐道在清代繁华一时，是川滇黔的要冲，也是重要的食盐转运站，鼎盛时每日有200余只大木船在此装卸货物，运载食盐、山货、药材、茶叶、煤炭等，有"永宁河上第一大码头"之称。现今，乐道仍为保存较为完好的传统古镇，留存有清代民国时期民居群、古街道、禹王宫、南华宫、王爷庙、老码头及川南地区著名的抗战小学。2007年，抗战小学旧址被四川省人民政府列为四川省文物保护单位。2010年，乐道民居群被泸州市人民政府列为泸州市文物保护单位。同时，乐道古镇还是永宁河船工号子、纳溪民歌的重要发源地之一。

乐道古镇老街

乐道古镇民居建筑

乐道古镇码头

乐道古镇南华宫

乐道古镇抗战小学

乐道古镇古桥

天堂坝驿站

天堂坝是福宝古镇到红圈子武定门段盐道上的一个场镇,距福宝古镇约90里,清康熙初年已形成集市,是福武(福宝到武定门)盐道上的驿站,为盐夫在山脚的食宿点,盐夫歇息后再结伴启程翻越武定门关隘进入贵州习水。

天堂坝老街

清池古镇

　　清池位于毕节、遵义、泸州三市交界处,原名为清水塘。叙永、古蔺方向运来的川盐经鱼塘河到清池,再从清池转运至打鼓新场(金沙县城)和周边地区,清池遂成为川盐入黔永岸段上的古驿站和重要的食盐中转站,铺舍兴起,商品交易频仍,集镇繁荣,成为金沙县境的古老集镇之一。同时,清池还是全国重点文物保护单位茶马古道毕节段的重镇,历史上盐茶交易、贩运和中转极度繁荣。镇内迄今还保存了石墁三尺古盐道、渔塘河义渡碑、沙坡节孝墓、罗家坟墓群石刻、曾传杰墓石刻、谢家坟石刻、钟灵塔、罗祁氏梅氏节孝坊、大田湾彭家民居、凤鸣山寺、万寿宫、禹王宫等重要文物古迹,清池是金沙县境内全国重点文物保护单位最多的重镇。

清池古镇古盐道及牌坊

清池古镇民居建筑

清池古镇牌坊

清池古镇禹王宫旧址

淇滩古镇

淇滩古镇位于贵州沿河县城南部约 10 千米处，其旁是乌江边上的一个急险滩，是旧时沿河通往思南、德江、印江和黔中腹地的交通要道，历史悠久、集市繁华。古镇主街由青石铺就，两旁建筑多为封合桶子，保留了王家桶子、张家桶子、肖家桶子等清代民国时期的建筑群，飞檐翘角，古色古香。清代民国时期，沿河帮的巴盐、印江帮的土布、镇远帮的丝绸、秀山帮的百货及德江、印江和周围乡镇的桐油等，共同推动了淇滩古镇的商业繁荣，淇滩被誉为当时"沿河第一大集市"。据说，民国时期古镇上的王氏家族主要经营桐油和巴盐，由此成为富贾。王家将桐油和山货等卖到涪陵、龚滩等地，再换取人们很难买到的巴盐，运回古镇贩卖。古镇上有一通刻于清光绪三十四年（1908）的"化行俗美碑"，内容为公议六禁："禁当场赌博，以务正业；禁当场打牌，以免酿祸；禁当场套扼，以安善良；禁当场抢劫，以正地方；禁窝留匪类，以清盗源；禁酗酒发疯，以复古道。"这从侧面反映了南来北往各色人等汇聚古镇，码头经济和商贸繁荣，时人注重场镇社会治安和社会治理，以营造良好的社会风气。

山水环抱的淇滩古镇（张体珍提供）

瓢井古镇

瓢井，古称瓢儿井，是永岸陆路运输川盐的重要中转站和食盐集散地，是川黔交通线上的重要集镇。川盐运至瓢井后，可转运至大定、织金、安顺、普安、兔场、鸡场坪等广阔销地，其食盐运销辐射贵州西部和云南东部地区。明清及民国时期，作为川盐转运站和集散地的瓢井古镇上，四川、云南、湖南、湖北、陕西、山西等省商家频繁往来，瓢井遂成为大方县乡村最大的集市。《大方县瓢井镇志》载，明朝初年，奢香夫人从四川古蔺远嫁大方后，即着手修筑从大方经瓢井至古蔺的驿道，即"奢香通衢"，亦是后来的运盐通道。清朝初年，瓢井便有川黔滇"三省通衢"之美誉。清嘉庆、道光年间，瓢井已发展成为新兴的商贸集市。同治、光绪年间，瓢井食盐贸易和转运兴旺，百物充市。仅盐业一项，瓢井在光绪年间就形成著名的八大盐号。清末民初，瓢井盐运业发展到高峰期，盐号猛增至20家左右，每天运盐进出瓢井的人数曾高达千人。境内的生漆、天麻、党参、炮参、五倍子、木耳、香菇等土特产品和药材又经商家远销各地。因此，瓢井商贾辐辏，誉满八方。民国时期，瓢井街上大小店铺林立，物资购销两旺，人口有万余人，街上商人、运盐人马常常挤满街面，分不清赶场天和闲场天，人

瓢井春秋祠旧址

瓢井春秋祠石雕

们称赞其"白日千人拱手，夜晚万盏明灯"。川盐从四川叙永起运，到达瓢井交售，路程140千米，道路崎岖，人背马驮，翻山越岭，十分艰辛，且途中常有土匪出没，抢劫食盐。为保证盐运安全，光绪二年（1876），永岸盐防军一队开驻瓢儿井，保护盐路商民运盐安全。1912年，瓢儿井成立盐务保商队，时有军官和士兵60余人。1918年，为满足瓢井盐商与四川贸易联系的需要，大定城至瓢井、小河邮路延伸至赤水河与毕节邮路相接。1935年，红军长征经过瓢井。镇上曾建有春秋祠、黑神庙、寿福寺、财神庙、嫘祖庙、文昌阁、玉皇阁、万寿宫、川祖庙、观音庙等会馆庙宇，构思奇特，布局精当。

干河坝古村落

干河坝古村落位于金沙县岩孔街道办事处安河社区干河坝，主要由晏家民居建筑群和晏家石桥等组成，共有民居群两处、石桥三座、古井一口、牌坊一座、旗杆夹石三根，为清代善士晏宗侨之故居，是川黔古盐道金沙境内的重要驿站。据载，为方便盐道人等往来，清道光丙戌年（1826）晏家修建了青龙井一口。晏宗侨又于道光壬寅年（1842）捐资修筑福寿桥和应贵桥等石桥。晏宗侨因筑盐道及捐修桥路之举受到遵义府的旌表，建牌坊一座。牌坊铭文清楚记载了当时修筑盐道由仁邑至水西、茅台至安底的史实。其传统民居建筑均为穿斗式木结构建筑，屋顶盖小青瓦，院坝全由青石板铺就。门、窗等多处饰以精美木雕和镂空窗花，花鸟

青龙古井（金沙县文物管理局提供）

虫鱼、人物形象栩栩如生。干河坝古村落传统民居建筑群是金沙县内遗存的建筑类型最多、最集中，且规模较大的古建筑群，对充分印证金沙县为川盐入黔交通要道的史实有重要意义。

干河坝古村落（金沙县文物管理局提供）

干河坝古村落传统民居（金沙县文物管理局提供）

干河坝一处古建筑大门旧址（金沙县文物管理局提供）

晏宗侨捐修的石桥（金沙县文物管理局提供）

晏宗侨捐修的石桥（金沙县文物管理局提供）

普市古村落

叙永震东乡普市古村落是叙永到雪山关段古盐道上的旱路驿站，距叙永县城约 27 千米，是乌蒙山东麓、川滇黔三省民族文化交融与商贸往来的过渡地带，是沿线及周边地区物资运输集散重镇，有"川南夷道""盐茶古道""川滇黔通道"的美称。据考证，普市其名取"普之广也，市之繁华"之意，在元代时已有设驿。自唐开始，这里就商贾云集，马帮驮队出入频繁。旧时，叙永城出东门鱼凫关，经普市到雪山关后可过赤水河入黔境，普市由此成为这段大路上的重要驿站和必经重镇。明代著名诗人杨慎在普市留宿期间曾作《普市》一诗："孤城比屋雪封瓦，重雾浓岚冪四野。飘飘风凹巧回鸢，凝涸冰槽工溜马。倦客落日投主人，冷突无烟炊湿薪。敢辞白首御魑魅，眼前木夫尤苦辛。"道出了普市古驿站的偏远及古驿道的险峻。明清以来，这条古道上商贾往来云集，运送食盐等物资的马队络绎不绝。民国时期，仍有不少马帮背夫往来。2014 年笔者在此考察期间，仍有见到运输生产生活物资的马帮在此段路上往来。目前，普市古村落还遗存有会馆、庙宇遗址及古碑刻等，当地村民对民国时期的盐运活动还有些许"历史记忆"。

普市古村落

普市遗存的道光年间石碑

普市古盐道

普市村民展演旧时背盐歇息情景

思南古城

思南地处乌江中下游，系乌江水运中枢，是古代乌江流域最早通航的古城，自古便是黔东首郡。思南的历史发展与乌江航道及航运经济息息相关。明嘉靖《思南府志》载，思南上接乌江、下通蜀楚，舟楫往来，商贾鳞集。贩蜀盐者多取道于此，食盐运到思南后再转运和分销至石阡、铜仁、镇远等地。思南恰位于乌江中、下游的交界处，乌江穿县境而过，思南县城上可通航文家店，下可至涪陵入长江，是乌江通航河段的上端，向南水路可通石阡，陆路可达岑孔、镇远、凤岗、遵义等地。元末明初，大量外地移民迁入思南，以陕西、江西籍移民最多。因为经济繁荣，地理位置重要，元代在思南设置宣慰司，明永乐十一年（1413）思南在全国率先改土归流，设置思南府。清道光《思南府续志》载，川盐"运涪入黔，两易以达思南，分道散售。石阡、铜仁、镇远各府皆引地也，计岁销盐十数百万斤"。自明清以后，思南便成为盐、棉纺、百货和当地土特产的集散地，各路商贾云集，货运繁忙，市场繁荣。现今，思南古城还留存有一条名叫盐市街的街道。

思南文庙

思南济江亭

旷继勋故居

据统计，清嘉庆前后，先后有江西、湖南、湖北、四川、山西、广东、广西、安徽、陕西、江苏、宁夏等省客商到思南城设立商号，建立会馆，经营当地的木材、桐油、木油、五倍子、花纱、布匹等商品。特别是盐号，可称得上财力雄厚，影响很大。同时这些客商的到来还促进了境内塘头、许家坝、文家店等场镇的发展。嘉庆、道光年间，陕西商人在塘头开设有十大商号，使得塘头被时人誉为"小南京"。在外地客商的影响和带动下，思南到民国时得到进一步发展，各种商业行会纷纷涌现。在思南，古时死了人，一般会说"挑盐巴去了"，说明运盐的艰险和路途的遥远。思南古城遗存有文庙、王爷庙、万寿宫、川主庙、周和顺盐号旧址等古建筑群，且均为全国重点文物保护单位。

叙永古城

叙永，古称永宁，位于四川盆地南缘，与云南、贵州两省交界，素有"川南门户""鸡鸣三省"的美誉，自古为滇黔入川孔道，元代始设永宁路驿站。自汉以来，境内道路不断开拓发展，三国前后即有古道通成都、达云贵。叙永不仅是元明清时期川南少数民族盐马贸易的重要口岸，也是明初四川推行食盐"开中

叙永城古桥

制"较早的地区。唐天宝年间,筑东大路与南方丝绸之路相连接。明洪武二十四年(1391),景川侯曹震主持疏治永宁河道,又辟陆路至云南曲靖,作驿舍邮亭,架桥立栈,永宁从此"陆行马,水行舟",运输繁忙。叙永县城便由此成为川南黔北的军事重镇和商贸通衢。清初,叙永被朝廷列为川盐运黔的四大边岸之一,盐商往来,商贸繁荣。清代中叶,每年有约30万担川盐在此集散。《叙永县志》载,晚清民国时期叙永"转运食盐、布匹、百货等至县内各乡镇和云、贵毗邻地区多靠人力、畜力。每天往返于路者约2000人,年货运量万吨以上。在转运水、陆码头,均有抬工负责装卸和短途集运"。永宁河的木船运输,上行以运盐为主,下行在清初主要运输滇铜黔铅。清末民初,叙永先后成立了10余家盐号,主要有西帮(陕西、山西盐帮)和黔帮(贵州盐帮)。叙永县城内遗存的春秋祠、陕西街、鱼凫古街及古桥等,见证了这座永岸食盐转运古城曾经的辉煌。

叙永古城纤夫拉盐船文化景观

会馆庙宇

川黔古盐道沿线分布着众多会馆和庙宇，其最具有普遍性的是陕西庙（西秦会馆）、南华宫、天上宫、川主庙、万寿宫、禹王宫、贵州庙、湖广庙、王爷庙及观音庙等。从这些规模宏大的建筑，我们不仅可以看到陕西、四川、江苏、江西、福建、云南、贵州等地盐商和民众在川黔古盐道沿线上从事盐业经营活动留下的"足迹"和影响，还可以反映出他们各自的信仰。

川黔古盐道上密布的陕西会馆，就有叙永春秋祠、毕节陕西庙、龚滩西秦会馆、会泽陕西庙、昭通陕西庙、瓢井镇陕西庙等，充分体现出陕西、山西籍盐商在川盐行销方面的主导地位。沿线地区与盐商及盐运活动紧密相关的会馆庙宇具体有酉阳龚滩川主庙、王爷庙，綦江东溪镇王爷庙、南华宫，赤水万寿宫，复兴场江西会馆，叙永春秋祠，毕节西秦会馆，金沙清池镇万寿宫，习水土城船帮会馆，石阡万寿宫，思南川主宫、王爷庙、万寿宫，纳溪乐道南华宫及毕节瓢井镇陕西庙等。因水路航行风险极大，常发生船翻盐毁的事故，运盐船工便逐渐形成了祭拜镇江王爷和观音菩萨等信仰，祈求盐业运输活动顺利。基于如此种种信仰及商业活动，各类庙宇、会馆便在川黔古盐道沿线纷纷修建起来。

叙永春秋祠

从清雍正年间起，外省盐商在叙永县形成了陕西、山西、江西、贵州等几大盐帮，设立了十余家盐号，商贸活动盛极一时。叙永盐商中以陕西人为最多，陕西盐商又邀约山西人成立"西帮"，几乎垄断了永岸盐业。清光绪二十六年（1900），陕西、山西盐商集巨资，在叙永县城建春秋祠，主要供奉关羽。因关羽喜读《春秋左氏传》，该祠故名曰春秋祠，也叫陕西会馆。春秋祠位于县城内的盐店街，主要建筑有戏台、回廊、看戏大厅、正殿、三官殿、暖阁、说书台等，共2500平方米。祠内所有的门楣、穿枋、窗棂、花牙、撑拱、柱础，不论木雕还是石刻，图案都非常精美。春秋祠具有浓烈的晚清宫廷式建筑风格，古朴典雅、结构严谨，堪称晚清建筑艺术的瑰宝,是南方古建筑中的精品。2006年,春秋祠被国务院批准列入第六批全国重点文物保护单位名录。

叙永春秋祠内景

叙永春秋祠戏台

毕节陕西会馆

毕节陕西会馆位于毕节市七星关区中华南路，始建于清乾隆年间，也叫作春秋祠，民间俗称"三旅舍"，原供奉关云长，为在毕节的陕西商人所建，盐商为其主要倡导者和出资人。会馆坐东北向西南，占地面积约1900平方米，建筑面积约1700平方米。该会馆由临街门面、戏楼、大殿、厢房、钟鼓楼等组成，四周为青砖封火墙所环绕。据说，其规模与大定瓢井的陕西会馆相仿。整个建筑形制规范，造型秀雅，工艺精良，具有很高的历史、艺术、科学价值。其木雕艺术精湛，戏台楼上浮雕人物镂刻最深处有3厘米深，人物惟妙惟肖，体现了清代毕节木雕工艺的最高水平。大殿后面有一块石碑，碑文记录了清代为修缮陕西会馆捐款的商号名单等。20世纪30年代，中共贵州地下党的第一个党支部创始人林青、徐健生、秦天真等老一辈无产阶级革命家创立的革命组织草原艺术研究社以毕节陕西会馆为基地，在此开展革命活动，培养革命志士，为动员毕节优秀儿女参加红军作出了贡献。2013年，毕节陕西会馆被国务院列为全国重点文物保护单位。

毕节陕西会馆大门

毕节陕西会馆戏楼

毕节陕西会馆内景

毕节陕西会馆木雕

龚滩西秦会馆

龚滩西秦会馆位于龚滩镇新华社区，也叫作春秋祠，始建于清嘉庆十一年（1806），原为红粉涂白墙，本地人称其为"红庙子"，道光、光绪年间做过修缮。光绪年间，陕西帮商人张朋九到龚滩开设盐号，重建西秦会馆，既作为同乡商人会聚之处，又作为议事、祭祀、娱乐活动的场所。其建筑利用地形高差顺坡而建，坐东向西，占地面积1120平方米，四合院格局。院内地面均以石板铺砌，正殿为木结构单檐硬山式屋顶，穿斗式梁架，周围有封火墙。会馆现存建筑有戏楼、正殿、厢房等。会馆戏楼、两侧耳房和左右厢房为两层，戏楼精巧别致，雕梁画栋。正殿建在较高处，悬山顶，抬梁式结构，面阔五间，进深8.4米，殿内空高8米。庭院用当地油光石板铺就，庭院宽27米、进深6.7米。龚滩西秦会馆以其独特的建筑造型和深厚的历史文化底蕴成为乌江盐运历史文化研究不可多得的实物。2009年，重庆市人民政府将其列为重庆市文物保护单位。

龚滩西秦会馆

龚滩西秦会馆内景

瓢井春秋祠

　　瓢井春秋祠建于瓢井北街与平街交界处，坐西向东，又叫陕西庙、陕西会馆。清光绪十二年（1886），陕西盐帮集资公建，占地约两亩，规模宏伟。该祠临街，以精料石砌就，镶嵌石雕数十幅于照壁间，内容为"哪吒闹海""太公钓鱼""童子拜观音""浮屠朝圣""火烧琵琶精""武王伐纣""文王演易"等封神故事。建筑两边修有封火墙，大门前两侧各蹲一石狮，高 2.5 米，口含圆球，精工本石刻就，滚动自如，人称"活宝"。这对石狮为陕西石雕艺人之作，做工精绝，在当时为贵州

瓢井春秋祠石雕

全省之冠。进春秋祠大门，院场内前方设一戏台，戏台两边各有厢房5间。进二殿，正面正殿5间，殿中间供关云长坐像，其手持《春秋左氏传》。清末民国时期，瓢井镇盐防军驻春秋祠，为军营，部分房舍作学校。1935年，红军长征到瓢井，黄火青、罗炳辉、何长工等红九军团领导在春秋祠召开群众大会。"文化大革命"期间，春秋祠石狮及石雕等文物被砸毁，其木料、石料全部被拆运至南街修建仓库。2014年，笔者到瓢井镇考察时，仅发现遗存的几处石础及石雕。

瓢井春秋祠旧址

土城船帮会馆

土城船帮会馆系土城船业公会旧址，位于土城镇长征街，建于20世纪30年代，为中西合璧庙宇式砖木结构建筑。其坐西南向东北，两侧用砖砌成封火墙，墙厚约50厘米，临街面是用砖砌成的欧式风格排面，上为小青瓦顶，内为两层楼，为中式传统穿斗式木结构建筑。中有天

土城船帮会馆后侧面

井，天井四周为住房，后面是花园，通往月亮台码头。正面为办公楼，1935年红军曾驻扎于此。土城船帮会馆旧址于2006年被国务院列为全国重点文物保护单位，现为赤水河航运历史展览馆。

土城船帮会馆前侧面

土城船帮会馆正大门

土城船帮会馆后门

复兴江西会馆

复兴江西会馆位于赤水市复兴镇复兴场上，距赤水市市中区约12千米，建于清道光十二年(1832)，光绪八年（1882）曾遭火灾毁损，宣统二年（1910）重建。复兴场为赤水出城的第一个盐运大码头和食盐集散地，江西籍盐商曾在赤水长期经营盐业，积累财富后，便出资在此修建江西会馆。会馆建筑面积1200多平方米，坐南朝北，由山门、戏楼、天井、正殿、后殿、厢房等构成两重院落，沿中轴线对称分布。木雕和石雕艺术精湛，保存完好。整体建筑风格体现了商贸文化与赤水河流域农耕文化的和谐融合。该会馆作为江西籍商人会友、议事、祈祷的场所，从中可以看出当时江西商人尤其是盐商经济实力之雄厚，社会影响力之广泛，是复兴镇政治、经济的缩影，是赤水地区盐业经济活动兴旺发达的历史佐证。复兴江西会馆在1999年被贵州省人民政府列为贵州省文物保护单位，2013年被国务院列为全国重点文物保护单位，现为赤水丹霞石刻艺术博物馆馆址。

复兴江西会馆石狮

复兴江西会馆木雕

复兴江西会馆戏楼

复兴江西会馆大门

清池万寿宫

　　清池万寿宫又称江西会馆,系清池镇在清代民国时期重要的盐茶交易场所,由江西籍盐商、茶商出资并组织修建。建筑占地约 2000 平方米,于清光绪十九年(1893)建成。其位列清池同期修建的四大会馆(其余三个为四川会馆、湖北会馆、贵州会馆)之首,且保存最为完整,规模最为宏大,是当年清水塘(今清池)盐茶文化保存至今最为完好和最具代表性的文物建筑。会馆坐东北向西南,木结构,硬山式屋顶,塔楼为该建筑最具特色的部分。中轴线上依次为山门、鱼池小桥、戏楼、前殿、正殿、后殿、东西配两厢及僧庵、斋膳房等。原建筑的绘画构图和雕刻工艺堪称上乘。二进殿堂及两厢之上的三幢楼阁在 1965 年曾被拆

清池万寿宫全景

清池万寿宫正门

清池万寿宫戏楼

毁,2010年金沙县政府拨款对其进行维修。而且,宫内现存清光绪年间的"永垂万古碑""培修善资碑",陈列着旧时背运盐茶的拐耙、背篼及制作茶叶的揉茶机等。而且,宫内现存3块木牌匾,据说分别为蒋中正题名的"礼义廉耻"、四川会馆题刻赠送的"福荫槐堂"及贵州会馆题刻赠送的"乡杖同荣"。清池万寿宫是茶马古道贵州段的重要文物建筑,也是金沙境内古盐道上不可多得的优秀古建筑。2013年,清池镇万寿宫被国务院列为全国重点文物保护单位。

清池万寿宫木雕

思南万寿宫

　　思南万寿宫位于思南县城中山街，又名江西会馆、豫章会馆，原名水府祠，始建于明初，原址在思南城外普济庵，明嘉靖十三年（1534）重建。因其地势低洼，易被水毁，明万历二年（1574）又异地重建，主祭许旌阳，兼祭肖英佑侯、晏平浪侯。清康熙二十三年（1684），江西商人荀士英集资对旧祠进行添建。嘉庆六年（1801），江西商人又投巨资对其进行扩建和装饰，更名为万寿宫。万寿宫坐东向西，占地面积约4200平方米，建筑面积约1300平方米，现存山门、戏楼、拜厅、厢楼、正殿等建筑。民国时，国民党思南县党部设在万寿宫。万寿宫保存完好，是思南县城古建筑群的核心部分，1981年被列为思南县文物保护单位，2006年被国务院列为全国重点文物保护单位。

思南万寿宫大门

思南万寿宫内景

思南万寿宫戏楼

思南万寿宫木雕

思南王爷庙

思南王爷庙位于思南安化街南端东侧、乌江西岸，坐西南向东北。现存建筑建于清光绪二年（1876），依次由山门、戏楼、庭院、两厢、钟鼓楼、杨泗殿和后房组成，东南侧院为客舍，占地面积约2400平方米，建筑面积约1300平方米。其保存情况较好，为全国重点文物保护单位思唐古建筑群的组成部分。

思南王爷庙大门

东溪王爷庙

东溪王爷庙始建于清乾隆六年（1741），是一座较完整的砖木结构四合院建筑，占地面积约640平方米。中轴线上，从前至后依次为山门、戏楼、庙坝、正殿，两侧为厢房。这也是一座供奉镇江龙王爷的庙宇，靠码头面向綦江河而建，体现了传统的水运祭祀文化，也反映出綦江流域水道运输之艰险和人们祈求平安的强烈愿望。

东溪王爷庙

大同坎离宫

　　大同坎离宫又叫王爷庙，用以敬奉镇江王爷，是船工和盐商等聚会的地方。门前对联镌刻"庙宇凌空，观殿内诸神威灵亘古；坎离合撰，看河西一带福寿堆山"。此庙在清末时香火旺盛，戏楼前沿木雕工艺精湛，所雕人物栩栩如生。

大同坎离宫

古码头、古桥与闸坝

桥梁是水陆交通的重要枢纽，为畅通食盐的运销，川黔古盐道沿线官府和盐商、地方民众出资修建了众多古桥。川黔古盐道沿线一些重要的水运码头和闸坝极大地便利了川盐的水路转运。目前，川黔古盐道沿线有代表性的古码头、古桥和闸坝主要有以下这些。

丙安古码头旧址

丙安古码头旧址位于丙安古镇的赤水河畔，总长约为60米，由石梯构成，依山势而建，宽1至3米不等，蜿蜒向上，直达古镇西门。石梯与古码头连接部分为扇形月台，通宽约6米，半径约3米。码头旁有一块大岩石，岩石上凿有石孔，供拴船之用。此码头是赤水河流域现存的为数不多的重要古码头。因丙安滩险，赤水河枯水期水浅滩露，盐船在此卸下食盐后，由力夫搬运至上游河段再登船运至马桑坪、茅台，或转陆运集散。

丙安古码头旧址

丙安古码头旧址

丙安古码头拴船石孔

马桑坪古码头旧址

马桑坪位于二郎滩和茅台之间,是仁岸川盐水陆转运的重要码头和驿站。乾隆十年(1745),张广泗率众整治吴公岩险滩后,马桑坪开始出现舟楫穿梭的盐运盛况。在赤水河枯水期和洪水期,盐船不

马桑坪码头

能上行，大量川盐在二郎滩转陆运至马桑坪，再由此登船运至茅台。而在赤水河丰水期，盐船则可从合江直达马桑坪再运至茅台。马桑坪便由此成为转运和集散川盐的重镇。现今，码头边的盐仓旧址尚存，且码头旁已建成贵州盐运博物馆，对川盐运黔的历史文化进行整体展示。

马桑坪码头及盐仓遗址

马桑坪码头旁的贵州盐运博物馆

松坎古码头旧址

松坎是綦岸川盐水路运输的最后一个主要码头,綦岸运黔的川盐大部在此转陆运。松坎陆路至桐梓约 70 千米,至遵义约 135 千米,由四川进入黔北的杂货多在此登岸转陆运。在清代,松坎已是綦江上游支流松坎小河最重要的货运码头,民国初年发展较快。据 1935 年统计数据,松坎码头所征盐税是正安的两倍。松坎河因河床狭窄,滩多水浅,通行船只较小,但以多取胜,盛时达六七百只。周边的煤、焦炭、铁、土特产以及黔北桐梓、遵义附近各地的其他物资也经松坎码头水运出境。

松坎古码头旧址

丙安双龙桥

丙安双龙桥建于清代，桥体为平板桥，桥中部有两个龙头昂立，造型相当生动。该桥位于丙安古镇东门处一条小河沟入赤水河的河口，河中有9座石礅，礅宽约3米。桥面分为9段，中间两礅凿有一雌一雄两条龙，故名双龙桥。此桥是清代民国时期转运川盐至丙滩上游河段或进行陆运的重要古桥。

双龙桥全貌

连接丙安古镇的双龙桥

元厚天恩桥

天恩桥为川黔古道上重要的古桥梁，建于清光绪六年（1880），是为纪念四川总督丁宝桢疏浚赤水河及修整陆运道的"劳绩"，由"黔蜀绅商士庶"合力修建。桥长约23米，宽1.8米，为多孔石平桥。天恩桥接穿风坳，连陛诏码头，平坦的巨石桥面卧于一组排列整齐的石刻巨龙背上。桥头建有石牌坊一座，上刻"天恩桥"三字。坊中镶碑数通，中为"功烈碑"，左为"仁爱碑"，右为"政德碑"和"劳绩碑"。正中对联为"事关国计民生，一片公忠投帝听；功同山平水治，四方沾被颂神明"。两侧石刻碑文记述了整修河道、修陆路及修桥始末。其建筑规模宏大，气势雄伟，有很高的文物价值。1985年11月，贵州省人民政府将其列为贵州省文物保护单位。

天恩桥（翻拍于赤水市博物馆）

东溪太平桥

东溪古镇太平桥始建于明洪武三年（1370），石质，桥长约30米，宽约5米，拱桥跨度约9米，通高8.7米。太平桥两头各有圆雕坐狮一对，桥栏杆外石墩上刻有圆雕兽头，拱顶迎水端刻有龙头，桥下拱顶中部插有一把能随风力大小而自

太平桥

然转动的 80 斤左右的铁质斩龙宝剑，现已遗失。建桥者为祈"太平盛世"，故名之曰"太平桥"。此桥现为重庆市文物保护单位。

太平桥桥面

綦江闸坝

抗日战争时期，国民政府令导淮委员会对綦江进行整治，以促进煤炭、铁矿等物资的运输及川盐赶运贵州。《四川内河航运史》载，1938年2月，导淮委员会组织勘测队对綦江进行了全面勘测，并于同年10月成立导淮委员会綦江水道工程局，下设工务所和浅滩工程队。治理内容主要为建筑闸坝，其次为整治浅滩，整治工程分两期进行。第一期工程在綦江支流蒲河的石板滩修建大智闸坝，在大场滩修建大仁闸坝，在桃花滩修建大勇闸坝，次年1月工程竣工；此外，工程还在綦江干流上游盖石洞修建大信闸坝，在羊蹄洞修建大严闸坝，1941年春完工。第二期工程在石溪口修建大中闸坝，在花石子修建大华闸坝，在剪刀口修建大常闸坝，在油坊脚修建大胜闸坝，在车滩修建大利闸坝、五岔修建大民闸坝，上述闸坝于1940年7月同时动工，至1945年3月先后完成。这些闸坝建成后，綦江水位得到分段提升，提高了包括食盐在内的货物运量和运输效率。现如今，大信闸坝、大严闸坝等还矗立于綦江河上，发挥着航运和防洪灌溉等综合功能。

大信闸坝（綦江博物馆提供）

大仁闸坝（綦江博物馆提供）

大勇闸坝（綦江博物馆提供）

大智闸坝陈果夫撰文碑记（綦江博物馆提供）

盐运与非物质文化遗产

　　川黔古盐道沿线与食盐运输有紧密关联的非物质文化遗产涉及饮食文化、传统民间音乐、诗词、信仰及民间造船法式、传统航技等。饮食方面，典型的有茅台酒、先市酱油、福宝豆腐干、涪陵榨菜及合江早豆花，其起源、技艺、发展和传播均和川盐运黔有不同程度的关联。赤水河船工号子、乌江船工号子、綦江船工号子、永宁河船工号子，陆路的背盐歌、背夫歌，红军在二郎、大关、土城等地开仓放盐救济百姓的故事，在沿线还略有流传。因乌江、赤水河航道滩多水急，运盐船工在长期的实践中形成了一套适合各航段的航行技术，并创造性地发明了适合在乌江航行的歪尾船及适合在赤水河航行的牯牛船、茅村船、黄瓜皮船等，这些都是中国内河航运史上独具流域特色的船只。因水路航行风险极大，运盐船工群体又形成了祭拜镇江王爷和观音菩萨等信仰，祈求盐业运输活动的顺利和平安。

饮食文化

茅台酒

　　"蜀盐走贵州，秦商聚茅台。"赤水河的川盐运输业推动了茅台酒的发展。可以说，茅台酒因盐运而兴。张肖梅在《贵州经济》"茅台酒之沿革及制造"部分写道："在清咸丰以前，有山西盐商某来茅台，地方仿照汾酒制法，用小麦为曲药，以高粱为原料，酿造一种烧酒。后经陕西盐商宋某、毛某先后改良制

茅台成义烧坊烤酒坊旧址

法，以茅台为名，特称曰茅台酒。"柴中在《茅台酒起源研究》中进一步指出，茅台酒的开发、定型和前期发展的经营主体是陕西盐商，酿造技术上的主体则是陕西酒师。从中可看出，茅台酒在酿造工艺上与山西汾酒有渊源。茅台酒产生的时间上限应是茅台始通舟楫的乾隆十年（1745）。这一年之后，"茅台春"及茅台酒的前称"茅台烧"才在史籍中出现，有了明确的记载。可确定的是，陕西和山西盐商是茅台酒前期发展史上的经营主体，他们具有雄厚的资本，带来了开发和发展茅台酒所需的资金，引进了山西、陕西酒师改良当地的酿酒技艺，结合赤水河的河谷气候和水质，酿造出享誉九州的茅台酒。

茅台酒

先市酱油

先市位于川南黔北接合处的合江县赤水河畔，是川盐从合江进入赤水河的重要盐运码头。在明代，先市古镇就有了酱油产业。盐作为酱油的主要调味品和原料，故有"酱由盐兴"之说。先市在赤水河盐运水道岸边，拥有用盐之利，成为合江及赤水河流域酱园业的发祥地之一。现存的先市江汉源酱园老作坊，始创于清光绪年间，此后老作坊生产从未间断。专家考证其为中国酱油生产历史最长的作坊之一。先市酱油以黄豆为主要原料，采用传统工艺自然发酵，精心酿造，酱油色泽棕红，味醇柔和，清香回甜，咸度适中，锅煎不糊，久放无沉淀，不生花，不变质，是酱油中的佳品，在川南、贵州一带颇有名气。先市酱油的厂房叫三官庙。道家典籍称天官、地官、水官为"三官"，其职能为"天官赐福，地官赦罪，水官解厄"。旧时，江汉源作坊每年于正月十五（天官生辰）、七月十五（地官生辰）和十月十五（水官生辰）举行祭祀仪式，祈祷酱业兴旺，境泰民安。先市酱油坚持以老作坊、晒场酿造酱油，经三年以上的日晒夜露方成品。先市酱油传统制作技艺被专家誉为"中国酱油传统酿造的活化石"，现为国家级非物质文化遗产。

先市酱油老作坊——建于光绪年间的江汉源作坊

先市酱油晒场

经营先市酱油的同仁合号

合江早豆花

合江早豆花起源于旧时合江盐运水道和陆道上的船帮、马帮在清早吃早豆花的习俗。合江位于川黔接壤处、长江与赤水河交汇处,是川盐运黔仁岸段的起点及食盐转运中心,是商旅往来的要津,常年船帮穿梭,马帮云集。合江早豆花色白质嫩,绵韧细腻,窖水清甜可口,蘸水味美香醇,食用十分方便快捷。一般由顾客自行调好蘸水,夹起滚烫的豆花在蘸水里蘸后放入口中,嫩滑香辣鲜的感觉顿时传遍全身,再喝一点豆花窖水汤,让人十分舒畅。

合江早豆花

民间歌谣

川盐运黔"四岸"的乌江、赤水河、永宁河、綦江等航道滩多水急,且全为逆流而上。船工在长期的高强度航运过程中,为统一纤夫拉纤的步调和船工们扳桡的节奏,闯滩斗水,形成合力,逐渐创造出了船工号子。在调查中,笔者发现乌江、綦江、赤水河、永宁河等流域的船工号子各具特色,而永宁河船工号子的类型和唱词尤为独特。

因永宁河流域内山高谷深、交通不便，货物主要靠水路运输，上水运盐巴到叙永，下水运粮食、煤碳、硫磺等到泸州，所以永宁河沿岸纤夫和船工众多。平日拉纤撑船中，纤夫和船工为缓解劳作的沉重和单调以及为协调步调、统一节奏，便创造出了永宁河船工号子。永宁河船工号子种类丰富，分为"上水号子"和"下水号子"。上水号子有"拉纤号子"和"捉缆号子"，下水号子有"橹号子""么二三号子""招架号子""数板号子"。此外，还有特定情况下喊的"装仓号子""背船号子""靠头号子"和顺风顺水下的"鲢巴郎号子"等。这些号子或激昂，或沉郁，或粗犷，或抒情，都与实际航行场景发生着紧密的联系。其表现形态基本为一人领唱或两三人轮换领唱，众人合唱或齐唱。永宁河船工号子有许多衬词，特有的"喔出，尼齐着"衬词和唱腔最具特色。调式多为民族五声调式中的羽调式和角调式。曲式结构主要为多段体，并且有多声部唱腔，这在劳动号子中是很少见的。可以说，永宁河船工号子是纤夫和船工们与大自然搏斗碰撞中所创造的精神产物，是其生存智慧的见证，是中华传统民族音乐和文化宝库中的一个重要组成部分，有重要的艺术价值和文化价值。但随着时代的变迁，永宁河船工号子也逐渐失传，陷入濒危境地。2013年2月，永宁河船工号子登上四川省新春联欢晚会。

笔者在川黔古盐道沿线搜集到部分船工号子、背盐歌、背夫歌及红军歌谣，代表性的有如下这些。

赤水河船工号子

一根竹竿长悠悠，生在深山老林中；
青枝绿叶逗人爱，风吹雨打叶落沟。
千尺纤藤竹条编，八股拉绳青麻拧；
裙帕又是米口袋，纤夫随身衣食行。

赤水河边造木船，仁岸盐运扬白帆；
砍根楠竹做篙杆，复兴上头叫丙滩。
葫芦埫后石梅滩，元厚转载搬土城；

二郎盘驳马桑坪，关刀船行茅台村。

手扒纤道背朝天，纤绳褡帕不离肩；
双脚踩陷青石板，纤夫常年在河边。
赤水船儿敢闯滩，拉纤岁月难过关；
走不出那滩又滩，望不断的山连山。

喊不完的船工号，诉不尽的辛辣酸；
盐运古道仁边岸，头上压着三座山。
号子喊落应齐点，应得齐来才好喊；
我喊号子为哪样，为把盐巴拉上滩。

上水号子喊声震，手爬脚登心得齐；
一躬一步朝前迈，险滩恶水让船行。
平水号子心不急，歇口气来缓步前；
纤道坎坷人辛苦，船到码头单碗甜。
下水号子观水势，前梢摆动后梢移；
两岸青山遮不住，一帆风顺闯厅城。

仁岸盐商聚赤水，东门码头闹腾腾；
北门西门争泊岸，富坳铧剪把船停。
上下镇江王爷庙，官运商运望太平；
国税大宗靠盐运，民生不吃斗米盐。

背盐歌

负盐男,负盐女,男女老幼同一体。

猿猴溪,二郎滩,沙滩茅村路何长。

鸭溪市,新兴场,贵阳大道长冈山。

跋涉奔波朝复暮,苦力浑忘行路难。

壮夫二百斤,健妇百斤零。

懦夫半包百斤重,老幼肩头四十斤。

可怜蓬户女,钗横鬓乱行无已。

八岁谁家乳臭儿,背负廿斤程百里。

喘汗纷呈路辽阔,青石无苔晴变滑。

上有峭壁如锋棱,下临绝壁渊且深。

猿猴愁攀蛟龙远,嗟尔骈肩并进亦何心。

……

负盐多,身汗垢,前上积污一寸厚。

但求釜底有炊烟,哪识人间富文绣。

背夫歌

盐巴老二度时光,起早摸黑背盐巴。

养家糊口为买米,半夜三更就嘈起。

背子上背忙起身,七齁八喘拢茅村。

靠起背子歇个稍,换口气又赶路程。

抵拢坛厂望长岗,翻山垭口坡道长。

上坡出气接不应,杵扒栽倒慢慢言。

到了长岗过一夜,背上盐税疮肿起。

浑身痛痒睡不着,睁大眼睛盼天明。

人倦鸡叫催三遍，急忙赶路忙不停。

枫香坝去歇口气，过称交货在柴溪。

等候称重盐不差，领得脚费转回家。

白日昼夜把路赶，腰酸背痛脚杆疼。

匆忙跨进家门口，婆娘儿女在祈祷。

只望子孙有出息，背脚脚夫万不行。

红军歌谣

那是民国廿四年，红军来到川黔边。为啥来到咱赤水？北上抗日靖烽烟。

土城干人一大片，肚皮扁扁无衣穿。空有一身大劳力，没有法子变成钱。

妻室儿女挨饥饿，清汤寡水没有盐。生活好比黄连苦，好比严寒冬夜天。

忽然太阳出枝端，红军站在穷人间。大家干人好朋友，赶快盐仓去领盐。

盐运诗词

许多古代诗词描绘了川盐运销黔境的情景，我们应将其看作盐运文化的组成部分。"西南巨儒"郑珍创作的《吴公岭》表现出吴公岭和赤水河的险恶形势及纤夫、背盐人艰苦卓绝的劳动，其中"蜀盐走贵州，秦商聚茅台"及《茅台村》中"酒冠黔人国，盐登赤虺河"的诗句，生动地揭示了茅台酒和川盐的渊源。《牯牛船歌》诗中"猿猴滩西凶滩多，船非牯牛不敢过。人言盐两四两力，牛腹受盐十五石。力厚故足与滩敌。人言硬莫与石斗，一纵往往不缮后。上滩不覆下滩覆。"将湍急的流水与牯牛船盐运的情境展现于读者眼前。清代梁玉绳在《黔苗词》中记载："几端苗锦胜吴缣，一携入城中索价廉。日晚归来诧同寨，趁墟买得水晶盐。""银圈压项耳垂珰，饭里团团糯稻香。盘有山蔬频苦淡，蕨根渍水代盐尝。"清光绪年间，住叙永的分巡道赵藩曾在《永宁杂咏》一诗中写道："负盐人去负铅回，筋力唯供一饱材。汗雨频挥揩拄立，道旁看尔为心哀。"这将贵州盐价高和缺盐的情况书写得淋漓尽致，也形象地道出了运盐人的艰辛。虽说川盐入黔的历史已远去，但通过这些诗词，其间的盐运场景似乎又钩沉起人们的历史记忆。

吴公岭

（清）郑 珍

著蒆吴公岭，侧目吴公崖。飞狮落九天，脚踏赤水隈。
飞湍撼不动，怒声天地回。水怒石益静，万古苍嵬嵬。
蜀盐走贵州，秦商聚茅台。牵舟至狼滩，龙滩近可挨。
限此十里地，磨牙竟黑豺。两岸削成壁，自古白不苔。
越山三十里，驮负费其财。当年吴登举，力欲运道开。
凿至此崖下，下手即风雷。愤极仰天死，自今祠水涯。
谈者为叹息，民劳天实灾。焉知彼苍仁，正为斯民哀。
三代井法废，大利归费魁。肥痴享厚息，锦绣挥舆怡。
生人十而九，无田可耕栽。力息不出身，今力致无阶。
每每好身手，饿僵还裸埋。试令去此险，一钱谁乞哉。
拔彼一牛毛，活我万叟孩。天心曲调剂，人若夸薪锤。
日出晓凉断，炎风拂面来。坐饱万山顶，茫茫感中怀。

运盐和用盐的习俗、信仰

关于川黔古盐道沿线的运盐情形，《贵州之川盐贸易业》有载："背负，以竹篾制之背篓盛盐，篓形或方或圆，或口底相等，或口大底小。每篓盛盐一百数十斤，缚以绳索，出两环，篓置背上，环套胸之两侧，另持一三角形之支架，乃负之而行，日行五六十里。肩挑，将盐巴缚于扁担之两端，不用筐篓盛装，挑之而行。一人挑量不过八九十斤，行路则较背负者为快，可日行八九十里。"运盐人特别讲究团结协作，一帮人在中长途的运盐路途中，需做到"上（坡）七（步），下（坡）八（步），平（地）九步"。

运盐人特别辛劳，《大定府志》云："大定之民，幼者十二三，老者五六十，无不以负盐为业也。数步而肩换，三里而喘息。日食玉蜀黍之爆花，夜眠粗白营之短席。一生无被，终岁衣缕，头鲜布巾，足唯草履，夏炎日，冬履霜，发岭穿林，冲风冒雨，一染寒疠，此户不休，此一民生之疾苦也。"运盐船工的工作极为艰险和辛苦，川黔古盐道沿线流传着这样的说法：世上有三苦——船工、打铁、磨豆腐。"四岸"水路航道多险滩激流，运盐船只时常触礁及在上滩抢浪时倾覆于河中，造成盐斤损失及船工、纤夫死亡。船工和纤夫因而也被称作"死了没埋的人"。流传在赤水河上的船工号子唱道："（运盐人）只为活命把船拉，抛了妻儿离了家。茫茫河水流不尽，全是泪水混泥沙。""日食清汤寡水，夜宿沙滩之中。妻守有夫之寡，夫伏无罪之法。吃的鬼魂之饭，穿的疤上重疤。病了听天由命，死了去喂鱼虾。"还有船主因船只翻沉而濒临破产。在思南曾有这样的说法："盐巴老二三碗米，半夜三更就走起。"旧时死了人，一般都说"挑盐巴去了"。

因水路航行风险极大，运盐船工逐渐形成了祭拜镇江王爷和观音菩萨等信仰，祈祷盐业运输活动的顺利。因此，祈祷航行安全成为水上运输业从业者的共同之愿，镇江王爷也成为人们的祈求之神。人们在沿河各场镇和重要水运节点建起王爷庙，把镇江王爷供奉起来，希望其保佑航行安全。

《黔西北地区川盐运销史料》有载，清代、民国时期，黔西北人民吃盐出现过以下几种情况：（1）吃滚盐。即将一块盐放在辣椒水碗里滚几滚捞出，然后挟菜去蘸着吃。

中山古镇大佛亭镇江王爷石刻

如果有的孩子将菜在盐上揉一下,被大人发现就要挨骂。(2)吃豆豉盐。即用豆豉、辣子面拌和,再用块盐放于碗内搅几下取出,吃饭时表示吃了盐。(3)吃吊盐。即用线系着一小块盐。当孩子要盐吃时,大人就提着盐块在小孩的碗里搅一下,用来哄孩子吃饭。(4)吃舔盐。特别困难的农户由于无钱购盐,但长期没有盐吃又感难受,在无可奈何的情况下,想尽一切办法购一小块盐放着,难受时拿出来舔一下,以提口味。(5)吃哄盐。即用线系着一小块盐一样颜色的白石(俗名观音石),不懂事的孩子因无盐而不肯吃饭时,就用这块小白石哄孩子,让孩子把淡饭吞下。总之,旧时贵州的食盐是极端紧缺的,有"食盐如过年"之说。那时对一部分人来说,杀一头过年猪容易,可是找盐腌肉就难了。中华人民共和国成立前,百兴区猪场农民聂海州喂两头肥猪,准备杀一头过年,因无钱买盐腌制,只好把另一头出售,用这头肥猪的价款购盐,才勉强把肉腌好。

川黔古盐道的保护利用

川黔古盐道像血脉一样串起沿线的大小城镇和村落，勾连起盐产地和销区的经济和社会文化，促进了沿线土家族、苗族、彝族、仡佬族等少数民族地区与外界的交流，并具有重要的文化遗产、考古及旅游等多重价值。

川黔古盐道的历史作用和遗产价值

川黔古盐道的历史作用

首先，川黔古盐道促进了区域商贸网络的形成。川黔古盐道是沿线地区经济发展的生命线，是可与南方丝绸之路、茶马古道媲美的重要战略性物资运输通道，是历史上跨区域配置食盐资源的典型。川黔古盐道不仅供食盐运输，也是茶叶、马匹、铜矿、桐油、中药材、粮食、生漆等交换的通道，有力地促进了物资的流通和商贸网络的形成，对沿线商品经济的发展、集镇的形成具有重要作用。其次，川黔古盐道促进了沿线的区域开发，对区域社会经济发展有重要意义。川盐运黔对赤水河流域、乌江流域的开发，对黔北、乌蒙山区等地的历史发展起到了较大的推动作用。同时，川盐的运销也增进了汉族与沿线苗族、彝族、土家族等少数民族之间的联系。再次，川黔古盐道促进了区域社会的稳定。川黔古盐道对西南民族地区的社会稳定有深远影响，先民历经千辛万苦将川盐运入贵州，为其提供了稀缺的食盐资源。同时，这也促进了西南地区的汉族、土家族、苗族、彝族、藏族等各民族之间在历史时期的经济联系，对维护民族、政治的稳定具有重大作用，这在抗日战争时期的川盐"增产赶运"过程中得到了充分的体现。

川黔古盐道的遗产价值

第一，川黔古盐道沿线及周边区域留下了厚重而多样化的文化积淀和文化景观，且盐运文化与红色文化、民族文化交融共生，川黔古盐道成为重要的文化沉积带和文化线路遗产。第二，川黔古盐道沿途分布着众多文物古迹，如盐运碑刻、摩崖石刻、会馆建筑和墓葬遗址等，具有重要的文物与考古价值。第三，川黔古盐道沿线是文化和生物多样性并存的富集区域，沿途群山延绵，河流交错，历史文化名镇众多，文化资源丰富，具备生态旅游和文化旅游的双重价值。第四，数量可观的吊脚楼、庙宇、会馆、祠堂等建筑分布于沿线，是古建筑研究不可多得的"活教材"。为此，近年来川黔渝地区采取了形式多样的手段，加强了对盐运文化遗产的保护利用。

川黔古盐道保护存在的问题

随着经济社会的快速发展，尤其是现代化进程、城镇化建设加快及交通环境的巨大变化等因素，川黔古盐道文化遗产有的陷入濒危和消失的局面，保护工作形势十分严峻，主要存在以下几方面问题：

首先，缺乏协调保护机制。沿线各地区对川黔古盐道文化遗产采取的是地方文化保护的一般做法，四川、贵州及重庆缺乏统一的保护思路和规划，没有形成保护的合力。而且各地保护力度存在差异，非常不利于川黔古盐道文化线路的整体性保护，更不能形成点、线、段、网有机结合的全面保护。

其次，开发性破坏严重。部分地方政府在基础设施建设和旅游开发中，不注重对盐运文化资源的妥善保护，使川黔古盐道深刻的历史内涵随着外部风貌的大幅度改变而丧失。部分盐运古镇、古街及古村落的改造工作对盐运物质文化遗存造成了损坏，它们在城镇化建设和新农村建设中又面临被拆的局面，诸多重要文物遗迹遭到不同程度的拆毁。部分川盐转运入黔的重要码头、古栈道因大型水利工程的修建已彻底消失，如乌江古栈道随着彭水水电站的修建而被淹没于水底。除偏远地区和山区的古盐道尚残存外，多数古盐道已被现代公路所覆盖。

再次，文物保护和认定工作滞后。由于对川黔古盐道的历史及价值认识不足等因素，沿线的古道、碑刻、摩崖石刻、古建筑等具有重大价值的文物尚未被纳入文物保护点或文物保护单位。即便是已成为文物保护点的文物，在保护级别上仍整体偏低。

复次，"非遗"传承面临危机。笔者考察发现，沿线地区与盐运相关的非物质文化遗产消失较为严重。传统的背盐、挑盐及船运、马帮运输等运盐方式随着交通环境的变迁已基本消失，在传统盐运方式上生长起来的民俗和民间文化失去了承载的基础，面临传承危机。乌江、綦江、赤水河、永宁河上的船工号子及川黔古盐道陆路沿线的背盐歌、运盐故事等，在传承和保护方面均缺乏有力举措。

最后，盐运器具不断消失，川盐运黔水路运输中各段河流不同形制的木船几乎已绝迹，清代民国时期的歪尾船、茅村船（关刀船）、大牯牛船、中牯牛船、小牯牛船、中元棒船、黄瓜皮船、麻叶楸船、五板船、小河船等运盐的船只早已退出历史的舞台。沿线的老盐工相继去世，留存下来的"活态"的东西越来越少，沿线民众对川盐运黔的"历史记忆"也逐渐减退。

区域协同：川黔古盐道整体性保护与开发利用的路径

川黔古盐道铺就了一条史诗般的盐文化传播的历史走廊，留存的盐运文化遗产不仅"诉说"着曾经的历史，还对当下的社会经济发展和区域文化建设有现实层面的推动作用。在今后的工作中，可注重采取如下建议，切实加强川黔古盐道沿线各地对其进行协同保护与合理利用。

第一，联合申报"国保"，加强文物保护。遗产类型丰富、特色鲜明且分布范围较广的川黔古盐道具有多重复合价值。泸州、江津、綦江、涪陵、酉阳、毕节、遵义、铜仁等地的文博机构应联合行动，用"文化线路"的视野，将散落在各地的重要盐运文物打捆申报为全国重点文物保护单位，以整体的形式提升其保护级别。2013年，四川、云南、贵州联合申报的茶马古道及山西平陆县虞坂古盐道已成功申报为第七批全国重点文物保护单位，为川黔古盐道申报"国保"单位提供了经验借鉴。而且，"丝绸之路：长安—天山廊道的路网"及"中国大运河"申报成为世界文化遗产，为川黔古盐道的保护利用起到了重要的示范效应，待条件成熟时，相关部门可协调启动川黔古盐道申报世界文化遗产的前期工作。与此同时，文物管理部门应对沿线各地与盐运活动相关的文物点在价值认定的基础上，对其进行评估定级并抓紧申报不同级别的文物保护单位，给予及时保护。对存在严重安全隐患的相关遗存和濒危遗产应抓紧保护，遴选一批濒危遗产项目进入国家文物维修保护和非物质文化遗产抢救性保护项目库。除此之外，应将盐运文物与非物质文化遗产的保护并重，加大对船工号子、盐道上的民间故事和传说的搜集、整理力度，加强对沿线信仰、习俗及民族传统文化的研究。

第二,建立协调保护机制,打造盐运文化景观。沿线地方政府应协商建立起保护和协调机制,四川、贵州、重庆的省(直辖市)级文物主管部门应协调制定统一的总体保护规划与行动原则,尽快启动编制川黔古盐道文化线路保护方案,建立盐运文化旅游开发合作机制,并将其纳入西南地区文化建设和社会经济协作发展的框架。现阶段,与茶马古道、丝绸之路、蜀道等相比,人们对川黔古盐道概念的认识尚不清晰。但从重要性和价值上讲,川黔古盐道并不逊于以上各文化线路,其旅游发展前景十分广阔。从遗产旅游开发视角看,川黔古盐道可作为线索,串联起沿线不同类型的文化遗产,并将个体遗产价值融入古盐道整体,深化认识单体文化遗产的整体价值和关联性,丰富古盐道的整体文化内涵,有效构建川黔古盐道文化生态空间及遗产廊道体系。在操作层面,可选取盐运文化集中且类型丰富的代表性线路,打造有历史底蕴支撑的盐运文化景观,通过修复沿线的古道、古镇、驿站、盐号、盐店、盐仓、码头等,凸显"盐运文化"符号,并将其与红色文化、民族文化融合,使其成为沿线地区旅游发展新的增长点。

第三,继续深度调查,开展综合研究。目前对川黔古盐道的研究尚处于起步阶段,研究成果还非常少,研究深度和广度均存在不足。学界应开展川黔古盐道文化遗产资源的深度田野调查工作,对沿线相关的川盐运销文物、非物质文化遗产项目进行专题调查研究,全面摸清盐运文化遗产的体系构成并逐一认定其价值。一方面,应分别对川黔古盐道"仁岸""永岸""綦岸""涪岸"的盐运文化遗产资源进行专题式深度调查;另一方面,可以县(区)、市为单位,对各地区的盐运文化遗产资源进行普查。而且,科研机构和各学科之间及川黔古盐道沿线的地方文管所、博物馆、档案馆、文化馆、图书馆、宣传机构应加强合作,对川黔古盐道所承载的经济、社会、历史、文化、民俗、语言、民族、宗教、交通及自然地理环境等诸多方面展开综合研究,进而协同推进川黔古盐道文化线路遗产的保护和开发利用。

参考文献

[1] 黄宅中.大定府志.刻本,道光二十九年.
[2] 丁宝桢.四川盐法志.刻本,光绪八年.
[3] 吴炜.四川盐政史.铅印本,民国二十一年.
[4] 刘熙乙.解决贵州食盐问题建议书.自贡市档案馆藏,手写本.
[5] 川康盐务管理局运销黔盐盐价.自贡市档案馆藏,民国三十四年.
[6] 张肖梅,朱觉方.川盐实况及增产问题.中国国民经济研究所,民国二十八年.
[7] 张肖梅.贵州经济.中国国民经济研究所,民国二十八年.
[8] 陈建棠,等.贵州之川盐贸易业.中国经济统计研究所,民国二十八年.
[9] 贵州盐务月刊.民国十九年.
[10] 林振翰.川盐纪要.商务印书馆,1919.
[11] 曾仰丰.中国盐政史.上海书店,1984.
[12] 管子.姚晓娟,汪银峰,注译.中州古籍出版社,2010.
[13] 田雯.黔书.贵州人民出版社,2010.
[14] 张澍.续黔书.成文出版社,1967.
[15] 唐仁粤.中国盐业史:地方编.人民出版社,1997.
[16] 王绍荃.四川内河航运史:古、近代部分.四川人民出版社,1989.
[17] 陈志华.乡土中国:福宝场.三联书店,2003.
[18] 自贡市盐业历史博物馆.川盐文化圈研究:川盐古道与区域发展学术研讨会论文集.文物出版社,2016.
[19] 周恭寿,等.续遵义府志.成文出版社,1974.
[20] 叙永县地方志编纂委员会.叙永县志.方志出版社,1998.
[21] 郑珍.巢经巢诗钞注释.龙先绪,注.三秦出版社,2002.
[22] 遵义地区文物管理委员会,遵义地区文化局.遵义地区文物志.深圳嘉年印刷有限公司,1984.
[23] 政协毕节县委员会文史资料委员会.毕节文史资料选辑:第六辑.1988.
[24] 大方县瓢井镇志编纂委员会.大方县瓢井镇志.贵阳精彩数字印刷有限公司,2011.
[25] 顾文栋.贵州进口盐源及其运销区的演变史略.盐业史研究,1996(4).
[26] 黄万机.三代儒商:贵州华氏家族——兼论儒商的特征.贵州文史丛刊,2002(2).
[27] 柴中.关于茅台酒"起源蒟酱说"的质疑.贵州师范高等专科学校:社会科学版,2004(4).
[28] 顾文栋.贵州近代盐荒论.贵州文史丛刊,1984(1).
[29] 朱端强.梁玉绳《黔苗词》笺.贵州文史丛刊,1984(4).

后 记

2013年7月，笔者从西南大学民族学专业毕业后，回到家乡的自贡市盐业历史博物馆研究部工作。到馆后，分管科研工作的程龙刚副馆长、副研究馆员找我交流谈话时，本人汇报：打算结合人类学民族学的一些学科视野和田野调查的方法，对川盐古道进行初步的调查研究。非常欣喜的是，该想法提出后，馆领导班子表示认可和支持，遂于年底向自贡市文化广电新闻出版局提请了关于川盐古道大型学术考察的方案。方案获批后得到政府支持和经费资助。2014年4月，由程龙刚副研究馆员带队，我馆开始对四川、贵州、云南、湖北、湖南、重庆、陕西境内的川盐古道进行综合考察，对川盐古道主要路线之川黔古盐道、川鄂古盐道、川滇古盐道、川湘古盐道、川陕古盐道及自贡古盐道进行了重点调查，实地调查约110天，考察总行程约2.6万千米。笔者有幸参加了这些考察，本著也正是在对川黔古盐道进行专题实地调查的基础上完成的。

贵州是西南地区唯一不产盐的省份，川盐是其最重要的食盐来源。元代川盐已销至黔，清乾隆初年川盐运黔已形成仁岸、永岸、綦岸、涪岸四条固定的运输路线。川盐运黔不仅解决了贵州严重缺盐这一重大民生问题，还对沿线和销区的社会、经济、文化、交通的发展及民族关系产生了深远影响。尤其是川盐运黔的历史活动留下了厚重而多样化的盐运文化遗产，川黔古盐道因此成为西南地区重要的文化线路。为此，对川黔古盐道的形成背景、路线分布、遗产构成及其作用和价值进行梳理和调查研究，让公众认识川黔古盐道的基本面貌便显得非常有必要。

在对川黔古盐道进行实地调查以及文献、图片资料的搜集过程中，自贡市文化广电新闻出版局、泸州市文物局、合江县文物局、纳溪区文管所、叙永县文管所、毕节市文物局、金沙县文物局、威宁县文管所、铜仁市文物局、思南县文物局、沿河县文物局、遵义市文物局、赤水市文管所、习水县文管所、仁怀市文管所、江津区文管所、綦江博物馆、思南乌江博物馆、赤水市博物馆、赤水河盐运文化陈列馆等单位给予我们鼎力支持，为本项目的顺利开展提供了重要帮助。西南交通大学出版社杨岳峰和居碧娟老师为本著的顺利出版付出了大量的辛劳。在此，本人特向其致以诚挚的谢意！

文中所用图片资料，部分由相关单位和个人提供，其余均为本人拍摄和搜集所得。由于笔者学识有限，书中难免有错漏之处，恳请读者批评和指正！

邓　军

2018年7月于自流井西秦会馆